中国历史读本

吴晗　主编

天地出版社 | TIANDI PRESS

图书在版编目（CIP）数据

中国历史读本 / 吴晗主编. — 成都：天地出版社，
2020.4（2021年重印）

ISBN 978-7-5455-5397-0

Ⅰ.①中… Ⅱ.①吴… Ⅲ.①中国历史 – 青少年
读物 Ⅳ.①K209

中国版本图书馆CIP数据核字（2019）第282858号

ZHONGGUO LISHI DUBEN

中国历史读本

出 品 人	杨　政	
主　　编	吴　晗	
责任编辑	张秋红	
装帧设计	今亮后声 HOPESOUND pankouyugu@163.com	
责任印制	王学锋	

出版发行	天地出版社
	（成都市槐树街2号　邮政编码：610014）
	（北京市方庄芳群园3区3号　邮政编码：100078）
网　　址	http://www.tiandiph.com
电子邮箱	tianditg@163.com
经　　销	新华文轩出版传媒股份有限公司

印　　刷	嘉业印刷（天津）有限公司
版　　次	2020 年 4 月第 1 版
印　　次	2021 年 11 月第 2 次印刷
开　　本	880mm × 1230mm　1/32
印　　张	32
字　　数	760 千字
定　　价	188.00 元（全四册）
书　　号	ISBN 978-7-5455-5397-0

出版说明

　　著名历史学家吴晗为中国的文史知识普及付出了大量心血，曾多次提出要为中小学生编写一套可以作为课外阅读的历史普及读物。这套丛书吴晗亲自担任主编，是一套权威经典的中国历史和传统文化普及读物。

　　为了让青少年读者有一个更轻松有趣的阅读体验，我们在编辑这套丛书的过程中，一方面，增加了色彩丰富的插图；另一方面，在参照原始版本的基础上，尽量保持原作的风貌，对因时代变迁已经不符合现代阅读习惯的某些字词、标点或者内容上前后不统一的现象进行了规范，对原版行文明显不妥处酌情勘误、修订。

　　具体操作遵从以下凡例：

　　一、标点审校，尤其是引号、分号、书名号、破折号等的使用，均按照现代汉语规范进行修改。

　　二、原版中的人物生卒年与现今论定有出入的，均按辞海进行规范。如："慈禧太后（1834—1908）"改为"慈禧太后（1835—1908）"等。

　　三、原版地名注释与现今有出入的，均按现今行政区域划分修改。如："山东馆陶"改为"河北省馆陶县"等。

　　最后的修订结果若有不妥之处，还望读者海涵。

目 录 CONTENTS

01

中国猿人

从人形体上讲，儿子总是像父亲的，不过又不完全像父亲；父亲总是像祖父的，不过又不完全像祖父。照此往上推，我们的远祖，以至人类的祖先，一定有些地方是和我们现代人相像的，也一定有很多地方是和我们现代人不相同的。人类的祖先究竟是个什么样子呢？

▲ 北京人复原头像

1927年，我国考古工作者在北京西南五十公里的周口店龙骨山进行考古发掘，发现了大量的古代脊椎动物化石，其中有一种牙齿和下牙床化石，既像人的，也像猿的，到底是什么动物的呢？这

▲ 中国猿人的头盖骨化石

不禁引起了科学家们的极大注意。后来经过研究才知道，原来这是一种"猿人"的化石。"猿人"是介于人和古猿之间的一种原始人类。考古学家们把在周口店发现的这种猿人称作"中国猿人北京种"，或者简称为"中国猿人"，俗名叫作"北京人"。1929年，我国考古工作者又在同一地区再次发掘，发现了一块比较完整的"北京人"头盖骨化石和一些牙齿、下颚骨、躯干骨化石，另外还有许多猿人制造和使用过的石器。新中国成立后，继续发掘，新的发现也很多。这样，就为我们进一步研究"北京人"提供了不少宝贵的资料。

"北京人"生活的年代，离我们现在大约有五十万年（也有人推定为四十万年）①。现在让我们看看，"北京人"和我们今天的人，在外貌上究竟有哪些地方相像，哪些地方不相像。

根据科学家们的研究，我们知道："中国猿人"的上肢骨和现代人的极其相似，下肢骨虽然也具备了现代人的某些特征，可是还保留了明显的原始性质。至于其头部保存的原始性质，则更为显著，像低平的前额，隆起的眉脊骨，高高的颧骨，上下齿喙向前突出，没有下颏（kē），脑壳比现代人厚一倍，脑髓的重量只有现代

---

① 现推测距今约七十万年至二十万年。

人的80％，等等。但是，从肢骨发达的情况来看，可以肯定，"中国猿人"已经能够直立行走；同时，根据发现的石器还可以肯定，它们能够制造工具。直立行走，这是从猿转变到人的有决定意义的一步；能制造工具，这是人和一般动物的一个很重要的区别。使人从普通动物中区分出来的原因是什么？是劳动。猿人进化到脱离动物的范畴，进入人类的领域，首先就是从双手得到解放，成为劳动的器官，能够劳动、创造工具这一点开始的。"北京人"的上肢骨和现代人的上肢骨极为相像，就是劳动的结果；下肢骨的进化比上肢骨落后，头部的进化相对比较缓慢，这正说明下肢和脑部的发展是随着手足的分工而进化的。

四五十万年前，我国华北的气候要比今天温暖得多，那时周口店附近，林深草密、莽莽榛榛，到处是各种飞禽野兽出没的场所，也是"北京人"生活的地方。在这片原始的土地上，谁是真正的主人呢？毫无疑问，是"北京人"。

"北京人"成群地居住在龙骨山边的洞穴里，过着比野兽稍强的、极其简单的原始人群的生活。他们从离自己住处不远的河滩上，拣来各种大小不同的鹅卵石，打砸成各式各样的砍斫器、刮削器和尖状器，用它们来作为围捕野兽、采集植物果实和根茎的工具，或者作为防御猛兽袭击的武器。这种工具，只是经过初步加工，还相当粗糙，科学家们把它们叫作"旧石器"。所谓"旧石器"，是和以后人类进步了的石器——"新石器"比较，相对而言的。"北京人"不但能制造石器，而且还能利用吃剩下的兽骨，制成各种使用的骨器。考古学家们在他们居住过的洞穴里，还发现有用火烧过的石块、骨骼，还有木炭和深浅不同的灰烬堆积。由这些可以断定，"北京人"已经能够使用火，知道了用火烧熟食物，并且具备了一定的管制火的能力。火的使用，在人类生活上有着极重大的意义。由于用火，肉类可以熟食，这样便大大缩短了胃肠的消化过程，促进了人类体质的发展。由于用火，人类便增加了防御猛兽和征服自然的能力。

（桂琼英）

02

有巢氏 燧人氏
伏羲氏 神农氏

　　这几个传说中的远古"帝王"，是古代人们根据对原始社会情景的推测而提出的一些假想人物。原始社会的情景没有文字记载。

　　相传"有巢氏""构木为巢"。所谓"构木为巢"，是指原始人用树枝架着像鸟巢般的住所，在树上居住。早在五六十万年前，人类最早的祖先——"猿人"，刚从树上降落到地面来生活，初步学会直立行走，他们拿着自己制造的粗糙石器，在那遮天蔽日的森林里和鸟兽逼人的原野上，用集体的力量猎取虎、羊、熊、鹿等野兽，掘取、采集植物的根茎和果实，来维持自己简朴、艰苦的生活。最初，他们还保持着在树上居住的习惯——"构木为巢"；后来，由于地面的活动日益成为经常性的，在长期的生活实践中，他们又渐渐学会了利用野兽的洞穴，或者亲自在山岩边挖掘洞穴来作为防御野兽侵袭的藏身处所。北京西南周口店的"中国猿人"遗址，就是一个洞穴住址。

相传"燧（suì）人氏""钻木取火"。原始人不知道熟食，猎取到野兽后就连毛带血地生吃。经过长期观察，他们才慢慢发觉由于雷电或火山喷发所引起的森林大火不但可以取暖，而且可以吓跑野兽；同时还发觉被火烤焦的兽肉，吃起来比生肉更香、更有味，也更容易消化。于是，他们逐渐地学会了如何保存天然火种不让它熄灭，用火来烧熟食物、驱逐寒冷、围猎猛兽。由于有了火，过去许多不能生吃的东西可以熟食了，可食之物的范围扩大了；由于熟食，"猿人"的躯体有了新的发展，脑量有了增加，因而在形体上逐渐进化到了"古人阶段"——猿人和现代人之间的过渡阶段。此后又不知经历了多少年，通过长期的实践观察、观察实践，原始人发现进行燧石加工或久钻一块坚硬的木头时，往往由生热而迸出火光，根据这个道理，他们慢慢地学会了"钻木取火"。从此，用火便得到了保障。在我国"旧石器时代"遗址中，曾发现用火的痕迹，这说明远在四五十万年以前，居住在这里的人类，就已经知道熟食了。

相传"伏羲氏"（又称"庖牺氏"）教人结网捕兽、捕鱼，"养牺牲以供庖厨"，

▲ 燧人氏教民煮食

▲ 明·郭诩《伏羲造人图》

又说他"教民嫁娶"。这个传说所反映的时间，大致在人类社会进入"中石器时代"以后。这时，石器的制作比以前进步，石器的种类比以前增多，因而猎获野兽的效率也比以前提高了。特别是像弓箭、矛、鱼叉等一类狩猎工具出现后，连空中的飞鸟、水中的游鱼，也都成了猎取的对象。猎获物多了，一时吃不完，饲养起来让它们繁殖，要吃时再宰掉，以后如果再遇到刮风下雨的日子无法出外围猎，或者围猎一无所获时，就不会再像以前那样闹饥荒了。牧畜的发明，使人类的生活相对安定下来。人类社会的发展，慢慢地由原始群居阶段进入了有组织的氏族社会阶段。氏族社会一开始是以妇女为中心的母系社会，妇女在生产上占有重要的地位。这时候，在婚姻方式上，已经摆脱了同族间"乱婚"的现象，而采取了氏族与氏族间兄弟姊妹对偶婚姻的形式，出现了"嫁

▲ 明·郭诩《神农》

娶"。由于氏族社会是以母系为中心，因此这时出嫁的不是女子，而是男子。

相传"神农氏"尝百草，发明医药，设立集市，又说他制造耒（lěi）、耜（sì）等农具，教人们种植五谷。这个传说所反映的人类社会发展阶段，大致相当于"新石器时代"。在这个时代，人类通过长期的劳动，逐渐积累了丰富的辨认和培植可食植物的经验；石器的制作又比以前更进了一步。石刀、石镰和木制耒、耜等农具的出现，说明农业已经开始。当然，这时候的农业还是极为原始的，人们只知道在砍倒烧光的林地上播种谷物，等待收获，还不知道施肥和进行田间管理。这种农业，后世称之为"锄耕农业"。这时饲养牲畜有了进一步发展，畜牧业与农业需要分别进行，因而开始了第一次社会大分工。由于社会的分工，促进了原始交换的萌芽；开始时，这种交换当然还只是偶然的，不过到后来便成为经常性的了。我国典型的"新石器时代"的"仰韶文化"遗址所发掘的器物，正好展示了古史传说中"神农氏"时代这一发展着的"锄耕农业"经济的某些社会图景。

（王贵民）

03

仰韶文化 龙山文化

考古学根据人类制造工具和武器所用的原料，将人类文化的进化过程，划分为"石器时代""青铜器时代"和"铁器时代"。"石器时代"又分"旧石器时代""新石器时代"等多个阶段。"仰韶文化"和"龙山文化"就是居住在黄河中下游的我们祖先所创造的两支"新石器时代"晚期的重要文化。

"仰韶文化"是由于它最早发现在河南省渑（miǎn）池县仰韶村而得名，距现在大约有四五千年。它的分布地区很广，在河南西部、北部以及山西、陕西、甘肃、青海等省发现的遗址，就不下一千处。遗址中发现的器物有石器、骨器、陶器等。由于这些陶器以表面是红色而又带有彩色花纹的为最多，而这种彩陶又具有很明显的特征，所以"仰韶文化"又称作"彩陶文化"。

根据对"仰韶文化"遗址和大量遗物的研究，我们知道当时的经济是以原始的"锄耕农业"为主，主要的农作物是粟；农具有石斧、石铲、石刀和谷物加工用的石磨盘、磨棒等。这时的畜牧和渔猎虽然已渐成为一种副业，但是在整个经济生活中还是占有一定地位的。家畜方面，已有猪、狗的饲养。手工业方面，制石、制骨、制陶、纺织、缝纫已很普遍。人们这时已经过着较为稳定的定居生活，因为在遗址中发现了许多方形或圆形的小屋子连接成的"村落"模样（在这种"村落"当中往往还有一所大房子，大概是这个氏族成员活动的公共场所）。另外，从对当时的墓葬和日用品的研究中可以看出，当时妇女在农业生产和日常生活中所占的地位远远高于男子，因此许多学者认为，"仰韶文化"正处于母系氏族公社的繁荣时期。

"龙山文化"是比"仰韶文化"更晚、更进步的一种"新石器时代"晚期的文化，距现在大约有三四千年。它的得名，

▲ 人头形器口彩陶瓶

▲ 半山型彩陶罐

▲ 黑陶单把杯

▲ 黑陶罐

是由于它的遗址最早被发现在山东济南附近龙山镇的缘故。"龙山文化"的陶器，具有表面漆黑光亮、陶壁薄而坚硬等特点，考古学家把这种文化叫作"黑陶文化"。"黑陶文化"的分布地区也很广，大体是在山东、河南、安徽、河北、山西、陕西、辽东半岛和浙江杭州附近。

在"龙山文化"遗址中发现的生产工具除了石斧、石刀，还有半月形的石刀、石镰、蚌镰和木耒等农具。这一时期饲养的家畜除了猪、狗，还出现了马、牛、羊、鸡。手工业制造品也更精致美观。根据对"龙山文化"遗址和遗物研究的结果，我们知道，"龙山文化"时期的经济，是以发达的"锄耕农业"为主，狩猎和捕鱼只是一种副业。手工业开始占重要地位。男子在生产中，已起主要作用，氏族中贫富的差别，愈来愈明显。考古学家和历史学家认为，"龙山文化"是以男子为中心的父系氏族公社时期的文化。

（王占山）

04

黄帝 炎帝 蚩尤

　　黄帝、炎帝和蚩尤是我国远古时代的三个部族首领。

　　以黄帝为首的部族，最早生活在我国的西北方，过着迁徙不定的游牧生活，后来迁移到涿鹿地方（今河北省涿鹿县、怀来县一带），才开始知道驯养家畜，种植植物。黄帝姓姬，号轩辕氏，也称有熊氏。

▲ 黄帝像

　　炎帝姓姜，是另外一个部族的首领。炎帝族最早也是生活在我国西北方的一个游牧部族，他们迁徙的路线是由西部向中部推进。他们向中部推进时，和最先进入中原地区的九黎族发生了冲

▲ 炎帝像

突。长期斗争的结果是，九黎族胜利了，炎帝族被迫逃亡到了涿鹿。后来，炎帝族联合黄帝族共同对抗九黎族，双方进行了一场激烈的大械斗。在这场械斗中，九黎族的首领蚩尤被杀。这就是古书上所说的"涿鹿之战"。九黎族和炎黄两族的斗争持续了很久，后来九黎族因敌不过炎黄两族的联合势力，一部分被迫退到南方，一部分仍然留在北方，还有一些则渗入炎黄族内，成为其中的一部分。自此以后，中原地区——主要是黄河中游两岸的地方，便成了炎黄两族的活动场所。

炎族、黄族在共同击败九黎族后不久，他们之间又发生了大冲突，双方在阪泉（今河北省怀来县）接连发生三次恶斗。最后，炎帝被打败了。这就是古书上所说的"阪泉之战"。但是，此后炎黄两族逐渐进一步结合，并且在中原地区定居下来。

"涿鹿之战"和"阪泉之战"说明了定居中原地区的远古居民，是由黄帝族、炎帝族和部分九黎族组成的。他们互相融合的过程，当然绝不会这样简单，融合的途径必然是多方面的，后世之所以只提这两次冲突，那是因为年深月久，古书中只给我们留下这样两个重大突出事件的痕迹。炎黄两族和部分九黎族结成一体定居中原后，与东方的夷族以及部分南方的黎族和苗族，在经济、文化上互相影响，关系日益密切。他们共同开发了黄河中下游的两岸，使这个地区成了我国古代文化的摇篮。

▲ 执五兵之蚩尤

传说，进入阶级社会后的夏、商、周三代的祖先，都是黄帝的后裔。这些生活在中原一带的古老居民，春秋时自称"诸夏"或"华夏"，有时也单称"华"或"夏"，以区别于居住在长江、粤江（珠江）等流域的其他各族。华夏族就是汉族的前身，所以后世汉族人把黄帝奉为始祖，自称"炎黄世胄（后代）""黄帝子孙"。

中原地区因是华族文化的发祥地，古时人们认为中原居四方之中，故又把这个地区称为"中华"。后来，由于华族和其他各族不断地融合，华族活动的范围日益扩大，中原文化逐渐发展到全国各地，"中华"二字便成了代表整个中国的名称。这就是今天中华人民共和国国名里"中华"这个词的来源。

（梁群）

05

尧 舜 禹

公元前两千多年时，是我国原始社会彻底瓦解、奴隶社会完全确立的时代，也就是"禅让"制度被"传子"制度代替（部落联盟大首领推选制被王位世袭制所代替）的时代。

传说中的尧、舜"禅让"，是我国古代历史上最后一次，也是最有名的一次推选部落联盟大首领。 在这以后，"禅让"制度就被从夏禹开始的"传子"制度所取代。

▲ 尧帝像

在远古时代，我国黄河流域中下游地区，曾经存在过以黄帝族为主体的黄、炎、黎三族的部落联盟。这一部落联盟所处的社会发展阶段，是原始社会的末期。部落联盟的大首领，在三族首领中推选。大首领有权祭天、各处视察、处罚有罪的首领、率众攻击敌对的部落。三族联盟的大首领——尧，年岁渐大的时候，要寻找继承人，炎帝族的"四岳"（管理四方事务的官名）推举舜为继位人。舜受到了各种严格的考验，协助尧工作了二十八年。尧死后，舜让位给尧的儿子丹朱，部落成员表示欢迎舜的领导，有纠纷的双方都愿意找舜做仲裁人而不愿意去找丹朱，歌手们也不愿歌颂丹朱而愿歌颂舜，于是舜最后才接替了尧的职位。后来当舜的年岁渐大的时候，部落成员推举禹出来兼管政务。十七年后，舜死，人们都不拥戴舜的儿子商均，却愿拥戴禹为部落联盟的大首领。及至禹死，情况便和过去有了不同。禹的儿子启直接继承禹位，并称王号，建立了夏朝。这时候，与启同姓的部落有扈氏不承认启的统治者地位，起兵反对他，说他破坏了"禅让"制度。

启打败有扈氏，罚他做畜牧奴隶。经过这场斗争后，"禅让"制就被废除，"王位世袭"制便开始正式登上了历史舞台。

相传古代洪水泛滥，尧命鲧（gǔn）治理洪水，鲧治水失败，尧便改命鲧的儿子禹继续治理。禹在外治水八年，为公忘私，

▲ 舜帝像

▲ 南宋·马麟《夏禹王像》

三次经过自家门口都没有进去。后来禹治水收到了良好效果，建立起了变水患为水利的排灌系统——沟洫制度，大大有益于农业的发展，因之禹便为后世所歌颂并被夸大为战胜洪水的神人。同时相传禹的时代，用铜来做兵器和生产工具。根据这些传说，可以想见禹在位时，生产力一定有了迅速的增长。

另外，根据记载，禹时曾同苗族进行过战争，获得大胜，苗族被迫退回南方。由于生产力的发展，生产有了剩余，战争中的俘虏不再像过去那样随便被杀掉，而是被当作奴隶来从事生产，生产出的产品绝大部分归奴隶占有者所有。

（应永深）

夏 商 周

▲ 夏桀像

夏代是我国历史上第一个朝代，也是我国奴隶社会的开端。它大概建立在公元前21世纪，或者稍前一些，共经历了十七个王，十四代，四百多年。

夏代最后的一个王——桀，是一个有名的暴君。夏桀无视民力，把自己比作太阳，以为可以长久统治下去，可是人民却指着太阳咒骂他，说："你几时灭亡，我们宁愿跟你同归于尽！"桀的统治已到了矛盾重重、难以维持的地步。

商原来是夏朝东部的一个侯国，逐渐向西发展，到达河南商丘。商侯国的君主成汤，发展了自己的力量，利用夏朝内部的矛盾，灭掉夏在东方的韦、顾两个属国，然后乘势攻夏。桀到鸣条（今河南省陈留镇西北）迎战，士兵败散，不敢回都城，逃到南巢（今安徽省巢湖市），后来就死在那里。夏朝灭亡，商朝建立，奴隶制得到进一步发展。

商代（商王盘庚以后因为迁都于殷地，又称殷，或称殷商，本名仍称为商）从成汤到纣王共经历了十七代，三十一个王，六百多年。

商代奴隶主贵族，为对被压迫阶级进行暴力统治，除拥有军队、监狱和一套官僚机构外，还迷信鬼神并利用它来作为巩固其统治的工具。受尽剥削和压迫的奴隶，经常成批地逃亡或不断地暴动。这种斗争，严重地动摇了商朝的政权。

商代从祖甲以后，几乎所有的君主都很荒暴。最后的一个国君——纣王，虽然在历史上对我国东南最初的开发有一定贡献，但是他是一个有名的暴君。他荒淫好色，喜欢饮酒作乐、打猎游玩，使耕地荒废成为狩猎场。为了满足自己的腐化生活，他不顾一切加重人民负担。他对东南的人方和孟方（族名）长期进行掠夺战争，尽管最后取得了胜利，可是却耗费了不少的人力、物力和财力。长期的战争，引起了平民和奴隶的强烈反抗，社会动荡不安。另外，他又引诱他人的奴隶且不任用自己的族人，使得商和其他小国之间以及本国统治集团内部之间矛盾重重。

周本是商朝西部的一个侯国，经过太王、季历、文王三代的苦心经营，国力已经很强大。文王时候，殷商北面和西面几个主要的属国都被周灭掉，周已经取得了当时所谓天下的三分之二，为

▲ 南宋·马麟《商汤王像》

灭商准备了良好条件。文王死后不久，他的儿子武王，率领兵车三百乘、士卒四万五千人、勇敢的冲锋兵三千人，大举伐纣。同他一起出征的还有许多友邦和南方的庸、蜀、羌、髳（máo）、微、卢、彭、濮（pú）八个小国。纣率领十七万（一说七十万）大兵迎战。在商的朝歌（今河南省汤阴县南，在那里有纣的离宫别馆）附近牧野（今河南省卫辉市一带）地方，两军相遇，纣兵阵前起义，倒戈向纣。纣王战败自杀，商被灭，周朝建立，这就是我国历史上第三个重要的朝代。

（双声）

07

殷墟 甲骨文

　　"殷墟"是指现在河南省安阳市西北五里小屯村北面洹（huán）河两岸以及附近一些地方。这里是三千多年前，商代后半期从商王盘庚迁都以后直到纣王灭亡二百七十三年间的国都所在地。商代灭亡后，这里就成为废墟，后来人们就称它为"殷墟"。

　　"甲骨"是指乌龟的背甲和腹甲、牛的肩胛骨和肋骨。商王和贵族奴隶主是最迷信鬼神的，不论有什么疑难的事都要用甲或骨来占卜，占卜后就在上面刻写下占卜情况的文字。这种文字就是当时通用的文字，也是目前发现的我国最早的一种文字——研究这种文字的学者称它为"甲骨文"。甲骨文是 1899 年（*清朝光绪二十五年*）在殷墟开始发现的。

　　根据殷墟的发掘和甲骨文的发现，再结合古书中有关商代历史的记载一并研究，我们更清楚地知道：商代是我国历史上的一个奴隶制文明大国，共有六百多年的历史，当中又以盘庚迁殷（*小屯*

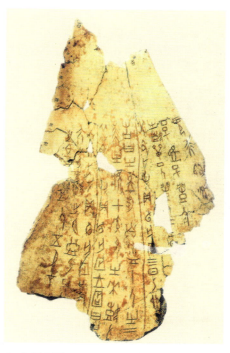

▲ 牛骨刻辞

▲ 宰丰骨匕刻辞

村）为分界，分为前后两期。这时的社会经济，是以农业生产为主，使用的农具大部分为木、石、蚌类制成，同时也开始使用青铜制成的工具；种植的农作物有黍、麦、稷、稻、粟等。畜牧业也很发达，猪、马、牛、羊、鸡、狗已成为驯养的家畜，并且还能够驯养大象。捕鱼、打猎的技术也有了进步，用镞、用弹丸、用网打鱼，用车攻、火焚、箭射、陷阱等方法捕捉野兽。

青铜的冶炼、铸造，陶、石、玉器的制作等手工业已脱离农业成为独立的生产部门，有了规模较大的作坊进行生产。尤其是青铜器，种类非常多，有日常生活用器，祭祀用的祭器，生产工具和

▲ 司母戊大方鼎

兵器，器物形制很精巧，花纹清晰美观，达到了我国古代青铜工艺品制造的高峰。有名的司母戊大方鼎（祭器），重一千四百市斤[①]，就是这段时期的代表作，也是目前我国和世界上发现的最古、最大的青铜器之一。

我国古代早期城市的规模在商代后期也比较完整。具有民族形式特色的宫殿建筑遗址，在殷墟也发现了。

商王和贵族奴隶主是商代的统治阶级。他们有一套完整的统治机构，有维护奴隶主政权的军队组织。他们过着剥削广大奴隶的寄生生活，吃的是酒肉，穿的是华丽的衣服，住的是宫殿和漂亮的房屋，整天歌舞淫乐。而广大奴隶们的生活是很悲惨的，吃的

① 市斤：我国古代重量单位，简称"斤"。1市斤 =1斤。

是猪狗吃的食物，住的是茅屋土炕，成天不停地在田里和作坊中劳动，有的在劳动时还要戴着锁链，而且连生命也得不到保障。从甲骨文中就可以明白地看出：商王和贵族奴隶主还把奴隶当作牲口屠杀来祭祀天帝和祖先。从发掘殷墟许多墓葬的结果可以看出，杀殉奴隶是经常的事。有一次，在一个大奴隶主的墓葬里发现，被杀殉的奴隶就有一百多个。

（孟世凯）

08

周文王 姜子牙

很早的时候，至少从夏代末年开始，周族部落就住在现在陕西、甘肃一带。商朝后期，周族的首领古公亶（dǎn）父（太王），因为遭到戎族和狄族的侵扰，率领周族从岐山之北迁到岐山之南的一片叫作"周"的平原上居住。古公亶父改革风俗，建筑城郭室屋，开垦荒地，设立官吏。这样，就逐渐形成了一个初具规模的国家；周族的势力得到了迅速的发展。到了古公亶父的儿子季历在位的时候，周族的力量渐强。商王文丁感到周国的威胁，竟将季历杀害了。

季历死后，他的儿子姬昌继位，就是周文王。周文王是个政治家。他征收贡赋有节制，周国的百姓都很拥戴他。

商纣王看见周的势力日渐强盛，感到恐惧，曾下令将文王囚禁在羑（yǒu）里（在今河南省汤阴县西北）。后来周国向纣王奉献美女、名马和其他珍宝等物，并且买通商的大臣，向纣王求情，文王才被释放。文王见到纣王暴虐无道，决心把自己的国家治理好，一有时机，便兴起问罪之师，推翻商朝。

文王的臣僚中，虽然有不少人才，但是缺少一个极有才干、能文会武的大贤作为他的辅佐。他常常留心寻访这样的大贤，甚至在睡梦中也梦见大贤在向他微笑招手。

▲ 周文王像

有一次，文王带着大队侍卫出去打猎，在渭水的支流——磻（pán）溪，遇见一个老人正安安静静地坐在那里钓鱼。文王同这老人谈话，向他请教了很多问题。从那老人滔滔不绝、见解卓越的回答中可以看出，他是一个才能出众、学识渊博的人。于是，文王很高兴地向他说："我的父亲从前常向我说：'将来一定会有贤能的人到我们这里来，帮助我们治理国家，我们周族将会因此昌盛起来。'您是一个很贤能的人，我们想望您已经很久了。"说完，就请老人一同上车，回到京城。回去后，就立老人为"师"（武官名）。因为老人是太公（指文王的父亲）想望中的大贤，当时人们都称他为"太公望"（文王得到"太公望"的辅佐这是史实，但是否有访贤这一情节，历史记载中说法不一）。

太公望本来姓姜，名尚，字牙，他的祖先助禹治水有功，封在吕地（在今河南省南阳市西），故历史上又把他叫吕尚。后人则称

▲ 南宋·刘松年《渭水飞熊图》（局部，姜太公钓鱼）

他为姜子牙或姜太公。"子"是古代对男子的敬称，称他为姜子牙，是表示尊敬的意思。

周文王自从得了姜子牙这样的好助手，便更加励精图治。周国一天比一天富强。文王开疆拓土西到密（今甘肃省灵台县），东北到黎（今山西省黎城县），东到邘（yú，在今河南省沁阳市附近），对纣都朝歌采取进逼的形势。随后文王又进一步扩充势力到长江、汉水、汝水流域一带。文王晚年，周的土地，三分天下有其二，力量大大超过殷。但是，文王没有实现灭殷的大志，便死去了。他的儿子姬发继位，就是周武王。武王经过积极准备后，兴兵伐纣，完成了他父亲的遗志，推翻了殷商，建立了统治全国的周朝。周把镐京（"镐"音 hào，在今陕西省长安区沣水之东）作为国都，历史上叫作"西周"。姜尚因辅助武王灭商有功，后来被封于齐（在今山东省的中部和东部），为齐国始祖。

（王业猷）

09

周公

周公是西周初年的大政治家，姓姬名旦，是周武王的弟弟。由于他的封地在周（今陕西省凤翔县），故历史上称他为周公。他辅助武王灭商，立有大功。武王灭商后二年病死，武王的儿子成王年幼，由周公代行国政。管叔、蔡叔、霍叔等贵族想争夺王位，散布谣言，攻击周公，

▲ 周公像

并联络纣的儿子武庚等殷商的残余势力，发动叛乱，反对周朝的统治。周公亲率大军东征，用了两年的时间，平定了反叛。为了巩固周朝的统治，除去使用武力外，周公还在政治上采取了如下的措施：

1. **加强分封诸侯的政策。** 周武王灭纣以后，就已开始分封诸侯。周公并不因武庚和三叔的叛周而改变原来的分封政策，相反更加大力贯彻。他把新征服的东方的土地和人民，分封给同姓子弟和异姓功臣，建立属国，来拱卫周朝王室。据说周朝初年，武王、周公、成王时代，先后一共封了七十一国。灭掉多数小国，建立较大的侯国，结束商朝以来原始小邦林立的现象，这在历史上是一个进步。

2. **营建洛邑。** 为了便于防止殷族的反抗和加强对东方的控制，周朝感到都城镐京的位置有点太偏西了，因此便由周公主持营建洛邑（在今河南洛阳市），叫作东都。东都建成后，周公把殷的一部分遗民迁到洛邑，加以监管，并且派重兵驻守，以便镇压。周公自己也常驻在这里。这样，洛邑便成了当时周朝经营中原的一个重要据点。

3. **制定典章制度。** 周公依据周国原有制度，参酌殷法，定出了一套设官分职用人的办法和区分君臣、父子、兄弟、夫妇、上下、亲疏、尊卑、贵贱的各种礼仪。这就是后世所说的周公制礼作乐。周公对商朝的文化，采取虚心学习的态度，他要周族贵族子弟学习商的文化和艺术，从而产生商周两族混合的文化，这对以后中国文化的发展，是有很大影响的。

周公摄政七年，还政成王。据历史所记，西周初年，经过武王、周公这一时期，到了成王和他的儿子康王时代，几十年间，天下太平，政治、经济、文化不断发展，西周的国力，这时最为强盛。

（王业猷）

春秋 战国

　　公元前771年，我国西部的一个部族——戎族，攻占了周的国都镐京，把周幽王杀死在骊（lí）山之下。周幽王的儿子——宜臼，依靠各国诸侯的援助，做了天子，就是周平王。周平王害怕戎族的进攻，不敢住在镐京，于是在公元前770年，把国都东迁到洛邑。历史上把迁都洛邑的周朝叫作"东周"。

　　从公元前770年到公元前403年这一时期，历史学家称它为"春秋时期"（另外也有些历史学家把春秋时期的范围定为公元前770年到公元前476年）。

　　这段时期，包括了我国最早的一部编年体史书——《春秋》（自古相传《春秋》为孔子所作，但也有人认为并非孔子所作）的起讫年代（公元前722—前481）在内，春秋时期的名称就是这样来的。

　　春秋时期，我国的冶铁技术已经逐渐进步，生产上也逐渐应用铁制工具，如锄头、斧头等。随着生产力的提高，各地方经济有了更大的发展。有些诸侯的力量逐渐强大，超过了周王室。从这时起，周王只不过是名义上的最高领袖，实际上已没有力量控制诸侯了。

春秋后期，由于各大诸侯国之间彼此吞并，到公元前 403 年，主要只剩下了七个大的强国：秦、齐、楚、燕、韩、赵、魏。

在这七个大国中，齐、楚、燕、秦四国是从西周以来就存在的老国家，韩、赵、魏则是由晋国分裂而成的三个新国家。为夺取更多的土地和人口，七国之间的兼并战争，比以前更加剧烈而频繁，直到公元前 221 年秦始皇攻灭东方六国统一全国以前，各国相互攻伐一直没有停止。后世人因此把这个时期（公元前 403—前 221）称作"战国时期"（有的历史学家计算战国时期是从公元前 475 年开始，到公元前 221 年终止）。

战国时期，冶铁事业有了进一步的发展，各国都出现了冶铁业中心。铁制工具的广泛应用，又推动了各国水利事业和农业的发展。

（王业猷）

五霸 七雄

春秋时期，周天子的势力衰落，大国诸侯互相争夺霸权。历史上把先后称霸的五个诸侯叫作"五霸"。五霸一般是指齐桓公、宋襄公、晋文公、秦穆公、楚庄王。也有的说五霸应该是指齐桓公、晋文公、楚庄王、吴王阖闾（hé lú）及越王勾践。

齐桓公在位期间，在有名的大政治家管仲的辅佐下，齐国在经济、政治和军事上实行了一系列的改革，国家日益走向富强。这时周王已经衰弱到不能维持其天下"共主"威权的程度，齐桓公为了扩大自己的政治权力，争做霸主，就拿"尊王攘夷"作号召，企图来达到自己的目的。所谓"尊王"，意思是尊重周朝王室，承认周天子的共同领袖地位；所谓"攘夷"，意思是联合各诸侯共同抵御戎、蛮等部族对中原的侵袭。齐国是第一个建立霸业的国家，它曾经援助燕国打退山戎的入侵，联合诸侯国出兵卫国击退了侵入卫国的狄人，还曾经联合中原诸侯讨伐楚国。齐桓公屡次大会诸

▲ 齐桓公举火爵宁戚

侯，和各国结成同盟，相互约定：如某国遭遇外患，各国共同出兵援救；在盟各国，互不侵犯，如有争端，由盟主公断。齐桓公称霸，阻止了戎狄的侵扰，保卫了华夏族的先进文化，在历史上起了积极的作用。

齐桓公死后，齐国的霸业衰落。宋国（在今河南省东部）的襄公想趁机争做霸主。正好这时郑国（在今河南省中部）依附楚国，宋襄公就领军讨伐郑国。楚国出兵救郑，攻打宋国。宋军被打得大败，宋襄公也受了重伤，第二年即病伤而死。实际上宋国称霸没有成功。

真正继齐桓公称霸的是晋文公。晋国在今山西省，和周是同姓国家。公元前632年，晋文公率晋、宋、齐、秦四国联军大败楚军于城濮（今河南省濮阳市南）。战后，晋国把在战场上俘虏的楚国战车和步卒，献给周天子。周天子赐给晋文公一百赤色弓箭、一千黑色弓箭，另外还有香酒、玉石等物。周天子赏赐弓矢，是

▲ 南宋·李唐《晋文公复国图》（局部）

表示允许其有权自由征伐的意思。从此以后，晋国便成了各诸侯的霸主。

在晋国称霸时，西邻的秦国也开始强大起来。秦穆公任命百里奚、蹇（jiǎn）叔为谋臣，曾打败晋国，俘获晋惠公。但是后来却在崤（xiáo，山名，在今河南省洛宁县北）地，遭受晋军袭击，被打得大败。秦没法向东发展，只好转而向西，攻灭十几国，在函谷关以西一带称霸。

楚在春秋时，陆续吞并了长江、汉水流域许多小国，势力逐渐伸展到淮水流域一带。到楚庄王时，楚出兵进攻陆浑戎（居住在今河南省嵩县），并在东周洛邑的城郊耀武扬威，打听象征周朝天子权势的九鼎轻重，大有代周而取天下的意图。后来又在邲（bì，今河南省郑州市）与晋大战，打败晋军，终于成为霸主。

春秋末年，吴越两国相继强大。吴王夫差曾在夫椒（在今江苏省境内太湖一带）打败越兵，迫使越国屈服，以后又打败齐军，继而率领大军北上，在黄池（今河南省封丘县西南）同诸侯会盟，与晋国争夺霸权。

越王勾践自被吴国打败后，卧薪尝胆、发愤图强，决心洗雪前耻。经过十年生聚、十年教训，终于转弱为强，灭了吴国。勾践北进王徐（今山东省滕州市），大会齐晋等诸侯共尊周天子，成为春秋时期最后一个霸主。

"七雄"指的是战国时期的魏、韩、赵、秦、齐、楚、燕七国。秦在函谷关（在今河南省灵宝市）以西；其他六国在函谷关东，称为"山东六国"。

魏国大致包括今陕西北部、山西南部和河南北部一带。魏文侯时，任用西门豹、李悝（kuī）、乐羊等人才，改革恶俗，整顿财政，发展生产，奖励攻战，逐渐成为战国初期最富强的国家。

韩国主要在今河南省中部、南部和山西省东南部一带。韩昭侯任用申不害为相，实行严政，加强国君的专制统治，国治兵强。申不害死后，韩又常遭各国侵伐。韩是当时七国中最弱小的一国。

赵国的疆域主要包括今河北省中部、南部和山西省北部一片地方。赵烈侯时，节财俭用，举贤任能，国势日强。

秦国是一个大国，大致占有今陕西南部、甘肃东部及四川中部和西部广大地方。秦本来是一个文化落后的国家，秦孝公时任用大政治家商鞅进行变法，秦国才日益强盛起来，终至成为东方六国的劲敌。

齐国是春秋初期的强国。齐国的国君原本是姜尚的后裔，后来齐国的贵族田氏势力渐大，姜姓国君终被田氏取而代之。齐威王时，任用邹忌等革新政治，选拔人才，修订法律，奖励农耕，鼓励群臣及吏民批评朝政，故战国时期齐国仍然是强盛的大国。

楚国在春秋时已经是一个强国。楚悼王时，任用吴起变法。楚威王时，派兵攻取越国浙江以西的土地；又派将军庄蹻带兵入滇，扩地数千里。楚国是当时七国中土地最大的一个国家。

燕国占有今华北平原的北部直到辽东半岛一带，国都为蓟（jì，即今北京市）。燕国本很弱小，常受山戎攻掠。燕昭王时，重用名将乐毅，大破齐国兵，才成为北方的强国。

"五霸""七雄"所代表的春秋、战国时期，是我国历史上一个重要的转变时期，这时，不论在经济、政治和思想文化上，都出现了前所未有的大变革。大量未垦殖的荒野被开辟出来，人口增加了很多，华族与其他各族的交往和融合不断地加强，这一切都为以后秦汉大一统局面的出现创造了有利条件。

（王业猷）

12

管仲

　　管仲（又叫管夷吾），颍上（今安徽省颍上县）人，是春秋初期杰出的政治家。公元前689年，齐桓公任用管仲为相，改革内政。管仲治理齐国，总的目标是富国强兵、尊王攘夷，以成霸业。

　　在经济方面：主张依照土地的肥瘠，定赋税的轻重。对内开源节流，以减轻农民和小生产者的负担。兴修水利，开垦荒地，发展农业。提倡渔盐之利，鼓励鱼盐输

▲ 管仲像

出。设立盐官、铁官，管理盐铁的生产事业。重视通商和手工业。铸造货币，调剂物价的贵贱。根据年岁的丰歉和人民的需求，决定货物的集散。结果齐国国用充足、仓库充实，国家越来越富庶，人民生活逐渐提高，奠定了齐国称霸诸侯的经济基础。

在政治方面：分全国为士乡（农乡）与工商乡，不许士（上古时代介于卿大夫和庶民之间的阶层）农工商四民杂处。工商免服兵役，使成专业。优待甲士（带甲的兵，甲是古时战士的护身衣，用皮革或金属制成），有田不自耕，专练武艺。战争时，农夫当兵，士当甲士和小军官。这种促使社会加速分工的措施，对于当时生产的发展，起过一定作用。同时又提出"尊王攘夷"的口号，打着拥护周天子的旗号，领导各国诸侯合力抵抗戎狄部族的侵扰。这样做，对于保卫中原地区先进的经济和文化免受落后部族的掠夺与蹂躏，有着很大的好处。

齐国是春秋初期最强盛的国家之一，管仲的功绩是不可磨灭的。

（王业猷）

13

子产

子产是春秋时期郑国著名的政治家。

郑国是一个小国，北面是晋国，南面是楚国，它处于两大霸国之间，从晋则楚要打它，从楚则晋要打它，若要避免灭亡，就不得不讲求内政外交的善策。

从公元前 543 年到公元前 522 年，首尾二十多年，正是子产在郑国掌握国政的时期。在这期间，子产充分发挥了他的政治才能，依靠

▲ 子产像

全国人民的力量，使弱小的郑国，在晋、楚两强之间，保持了应有的独立地位。

子产治国，能任用贤才，并且能接受批评、改正错误，这是他的最大长处。这里有个故事，可以看出他的政治家风度。他执政后不久，有人经常聚集在乡校中，批评国家的政治，有个叫然明的人，看不惯这种现象，向他建议说："把乡校封闭吧，你看怎样？"子产回答说："为什么要封闭乡校呢？让人们空闲的时候，常到这里走走，评论评论执政的得失，有什么不好？他们说这样做对，我就这样做；说那样做不对，我就改正缺点。这正是我的老师啊！"

子产从政二十多年，为郑国做了很多事情，其中最重要的有两件：一是"作丘赋"，一是"铸刑书"。

"丘赋"是怎么回事，我们现在已弄不清楚，有人说，就是一"丘"出一定数量的军赋。由"丘"中人各按所耕田数分摊。一"丘"的面积有多大，现在也弄不清了。据说"四邑为丘"。一邑四"井"，也就是说，"一丘，十六井"。既然"丘赋"系根据所耕田数分摊，那么"丘"内新垦土地愈多，则分摊之军赋必愈轻。这样，不仅使得负担平均合理，而且保证了国家军赋的来源。"丘赋"制初行时，遭到了贵族们强烈的反对，但是子产很坚定地说："不妨。只要对国家有利，我死也得做。"

郑国是一个商业发达的国家，然而贵族们往往利用随意轻重的刑罚来压迫商人，这对郑国来说很不利。子产把刑书（成文法）铸在金属鼎上公布，使老百姓知道国家法令的内容和要求，有所遵循。从此，司法有了准绳，谁也不能光凭自己的好恶来滥施刑罚，这样做多少有些限制贵族权力的作用。刑书刚公布时，同样也遭到了守旧派的强烈反对。但是子产还是坚定地去做。

子产的新政，受到了郑国人民广泛的赞扬。

（王业猷）

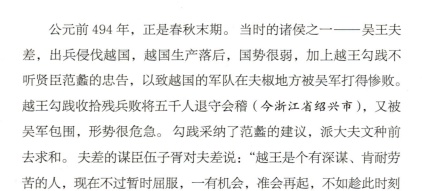

卧薪尝胆

公元前 494 年，正是春秋末期。当时的诸侯之一——吴王夫差，出兵侵伐越国，越国生产落后，国势很弱，加上越王勾践不听贤臣范蠡的忠告，以致越国的军队在夫椒地方被吴军打得惨败。越王勾践收拾残兵败将五千人退守会稽（今浙江省绍兴市），又被吴军包围，形势很危急。勾践采纳了范蠡的建议，派大夫文种前去求和。夫差的谋臣伍子胥对夫差说："越王是个有深谋、肯耐劳苦的人，现在不过暂时屈服，一有机会，准会再起，不如趁此时刻一口气把越国灭掉！"夫差觉得伍子胥的话有道理，就没有答应越国的求和。

勾践听说吴王不肯允和，就想同吴国决一死战。文种对勾践说："吴国的大臣伯嚭（pǐ）是个贪财的人，我们可以设法拉拢他。"于是勾践派文种带着美女和珍宝去贿赂伯嚭。伯嚭在夫差面前极力替越国说情。最后夫差终于答应了越国的求和，把军队撤回了吴国。

吴国撤兵后，勾践被迫带着妻子和范蠡到吴国去，给吴王夫差当奴仆。但是他立志洗雪国耻，忍辱负重，丝毫不露声色。三年后，勾践被释放回国。

越王勾践回国后，怕安逸的生活会把自己报仇雪耻的雄心壮志消磨掉，因此特地为自己安排一个艰苦的环境，以便时刻警惕。晚上他就睡在柴草堆上（卧薪）用戈（一种兵器）当枕头，不敢睡舒适的床铺；平时屋里吊着一只苦胆，起身以后，或睡觉吃饭之前，他都要尝一尝苦胆的滋味，表示不忘亡国的痛苦（史书最早的记载，只说越王尝胆，并没有说卧薪，卧薪之说是后来才有的）。他倚靠贤臣范蠡和文种，任用有才德的人，发展生产，奖励生育，营造战舰，练兵习武。

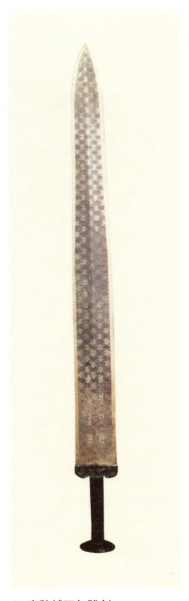

▲ 春秋越王勾践剑

▲ 春秋吴王夫差鉴

　　和越国相反，吴王夫差自战胜越国后，骄傲狂妄，不顾民生困苦，连年东征西讨，想成为凌驾各国之上的霸主，又听信了奸臣伯嚭的谗言，杀害了伍子胥。本来是弱国的越国，转化为强；本来是强国的吴国，表面上虽然还撑着一副空架子，实质上已经转化为弱。

　　公元前 482 年，吴王夫差在黄池大会各国诸侯，打算跟晋国争做霸主。越王勾践趁吴国国内空虚的机会，带领大军攻打吴国，包围了吴国的首都，杀死了吴国的太子，吴国人心大乱。夫差听说，匆忙带兵回国。吴国军心涣散，无力作战，派人向越国求和。此后，吴国一天天衰弱下去。

　　公元前 473 年，越王勾践率领大军再一次进攻吴国，把夫差围困起来。夫差派人向勾践哀哀求和，勾践坚决不答应。夫差悔恨自己当年不听伍子胥的忠告，自杀而死。吴国灭亡。越王勾践灭吴以后，北进到徐，大会各国诸侯，做了春秋时期最末一个霸主。

（王业猷）

商鞅变法

　　秦国在战国初期，是一个比较落后的国家。公元前 361 年，秦孝公即位，下令求贤，希望对秦国的政治有所改革。

　　卫国人公孙鞅（后因有功于秦，被封于商，故号商鞅）应募到秦国，得到秦孝公的信任。公元前 359 年，秦孝公任命商鞅为"左庶长"（秦国官名），在秦国实行第一次变法。

　　据说，在变法的命令尚未公布以前，商鞅为了在人民中树立威信，派人把一根三丈长的木杆竖立在国都市区的南门，然后下令说："有人能把这木杆搬到北门去的，赏给他十金。"当时老百姓来看热闹的很多，都觉得奇怪，认为做这样简单的工作，绝不可能得到如此重赏，谁知道商鞅是什么意思，因此没有一个人敢出来试试。商鞅看见人民不相信，再次郑重下令说："有能把这木杆搬去的，赏赐五十金。"这次下的命令，更加使人感到奇怪；不久，真有这么一个人鼓起勇气，不管有赏无赏，把这根木杆从南门搬到了北门。商鞅毫不失信，立即给了这人如数的奖赏。这件事情传扬开去，大家都知道商鞅是一个言出必行的人。从此，人们对于秦国的法令，谁也不敢随便马虎，将之当作儿戏。

商鞅第一次变法的主要内容，有以下几点：

1.组织民户，实行"连坐法"。以五家为"伍"，十家为"什"，互相纠察；一家犯法，别家不告发，一同受重罚。

2.加强对劳动力的控制。户主如有两个儿子，到一定年龄必须分家，各立门户，不得过依赖生活；否则，加倍出赋税。

3.奖励生产。凡努力耕织生产粟帛超过一般人产量的，可以免除徭役；凡弃农经商或因好吃懒做以致穷困的，连同妻子儿女一同罚做奴婢。

4.奖励军功，禁止私斗。凡为国家立下战功，按功劳大小受赏。贵族没有军功，不得享受爵位；不论贵族市民，如有私斗，按犯罪轻重受刑。

新法实行十年，取得了很大的效果，秦国开始日益走向富强。公元前352年，秦孝公升商鞅为"大良造"（**秦国官名**），给了他更大的权力。公元前350年，商鞅又实行第二次变法。这次变法的主要内容是：在政治方面，普遍地推行县制。归并各乡村、城镇为大县。全国一共设立三十一个县（**一说四十一个县**）。每个县由中央政府派令和丞管理全县的事。在经济方面，开辟阡陌封疆（**田间分疆界的土堆**），扩大耕地面积；奖励开荒，承认各人新开垦的土地所有权，准许土地的自由买卖。另外，还统一了全国的度量衡制度，加强了国内的经济联系。

在第二次变法时，秦国把国都从雍（**今陕西省凤翔县**）迁到了咸阳。

　　商鞅在实行新法时，秦国的旧贵族纷纷起来反抗。可是商鞅的态度很坚决，丝毫没有妥协。公元前346年，太子带头反抗新法，商鞅下令把太子的两个老师施以黥（qíng）刑（面上刺字涂墨），以示惩罚。老百姓看到太子犯法还要受到处罚，谁还敢违抗新法？因此，新法能够在秦国雷厉风行地彻底贯彻。新法实行后，秦国很快由一个落后的国家成为当时最先进、最富强的国家。

　　商鞅变法，是中国历史上的一次重大事件。商鞅，是中国古代的一位杰出的政治家。公元前338年，秦孝公死后，太子继位，就是秦惠文王。旧贵族乘机报复，秦惠文王听信了他们的话，杀害了商鞅。商鞅虽然被害，但是他所推行的新法，却仍长期为秦国所奉行。

（王业猷）

16

赵武灵王胡服骑射

赵武灵王是战国时赵国的国君，也是一位军事家，公元前325年至前299年在位。赵国的东邻齐国，是一个强国，西方的秦国，经过变法图强，国势也蒸蒸日上，相形之下，赵国当时只算是个二三等国家。赵国的东北方是中山国，虽然是个小国，却也轻视赵国，常乘机侵犯它的边境。赵武灵王即位以后，国势仍然没有变化，曾被齐国打败过一次，又被秦国打败过好几次，好几座城池都被秦国侵夺去了。

赵武灵王是一位很有志气的君主，他很想进行一些改革，好使赵国变成强国。赵国的北部，大部分与胡人为邻。那时，胡人都是些强悍善战的游牧部族，他们穿着短装，行动灵便，上阵骑马，往来如飞，一边跑着一边射箭，生龙活虎。赵武灵王认为采用胡服骑射，对于加强军事战斗力量很有好处。他打算让全国的人都改变装束，一律穿短服，和胡人一个样子，并且练习像胡人那样骑马射箭。

有一天，赵武灵王对大臣肥义说："现在我想用胡人的衣服骑射，来教导老百姓，就恐怕世俗的人必定要议论我。"

肥义说："臣听说过：'做事情若有疑惑，必没有成功的希望。'大王如果要学习胡服骑射，就不必顾虑那些世俗议论。要改革就不妨学学。过去，舜的时候，有个落后的部族叫有苗，舞跳得很好，舜就向他们学跳舞。可见古人也有学习别地方风俗的。只要对赵国有好处，胡服骑射又有什么不可以学的呢？大王就照这样去做吧！"

赵武灵王听了肥义的话，下定了决心，在公元前302年，命令赵国人改穿胡服和学习骑射。他以身作则，带头先穿起胡人的服装来。

最初，赵武灵王的叔父——公子成反对改革。赵武灵王亲自同公子成辩论，用种种理由把顽固的公子成说服。最后，公子成也穿起胡服来。众大臣及老百姓看见赵武灵王和公子成都穿上了胡服，便也都随着改变了装束。接着，赵武灵王亲自训练士兵，教他们如何像胡人那样骑马射箭。不到一年的工夫，赵国大队的新式骑兵就训练成了，赵国在军事上很快地就由一个弱国一跃而成了当时北方的一个强国。

（王业猷）

17

苏秦 张仪

　　苏秦是战国时东周洛阳人。他年轻时，曾到东方的齐国求学。求学告一阶段后，他便到各国游历，想凭借自己雄辩的口才，游说各国诸侯，希望得到诸侯的重用；可是结果遭到失败，狼狈不堪地回到故乡。他重新发愤读书，用心研究当时各国政治形势和兼并斗争情况，一年以后，提出了"合纵"的主张。那时，西方的秦国是"战国"七雄中的强国，经常出兵攻打东方各国，各国诸侯都很害怕，感到无法抵抗。"合纵"政策，就是联合六国共同抗秦的一种具体办法。南北称为"纵"，从北往南，由燕国到齐、赵、魏、韩诸国，再到楚国，南北联盟，合力御秦，故称为"合纵"。苏秦先到赵国，宣传"合纵"的好处，赵相奉阳君不赞成，他只好转往燕国。过了一年多，好不容易才见到燕文侯。燕文侯倒是很支持他，还替他预备了车马盘缠，请他到各国去进行联络。苏秦第二次又到了赵国，恰巧这时奉阳君已死，少了一个阻挠的人，所

▲ 苏秦六国封相衣锦荣归

以他能直接见到赵国的国君——赵肃侯。苏秦向赵肃侯说："臣就天下形势考察，觉得东方六国的土地比秦国要大五倍，各国的军队比秦国要多十倍，若六国能同心协力，西向攻秦，秦国必然会失败，为什么现在东方六国反而一个个都断送自己的土地去奉承秦国呢？……臣希望大王对这问题加以慎重考虑……依臣的计谋，目前最好约请各国诸侯到赵国洹水聚会，共商大事，设誓订盟。盟约规定：以后秦国如果攻打六国中任何一国，其他各国相互援助。诸侯中有不遵守盟约者，其他五国共同出兵讨伐。"

赵肃侯听了苏秦的建议，非常高兴，即刻为他准备了一百辆华丽的车子和许多黄金、白璧、锦绣等贵重的礼物，要他去游说各国诸侯。苏秦先后到了各国，向各诸侯详细说明了割地求和的害处同联合抗秦的好处。韩、魏、齐、楚四国都被他说服，一致赞同"合纵"的主张。赵、齐、楚、魏、韩、燕六国，大会于洹水，在共同抗秦的名义下，结成了联盟。苏秦被举为"纵约长"，挂六国相印。

但是，这种联盟是极不牢固的，因为六国统治者各有各的打算，根本不能真诚合作。后来秦国乘机暗用计谋，挑拨齐、魏两国攻赵，"合纵"的盟约很快便被破坏。

张仪是战国时魏国人，同苏秦是同学。他最初漫游各国到处游说，久不得志。有一次楚国相府举行宴会，主人丢失了一块美玉，府里的人听说他的名声不好，都疑心是他偷的，便将他捆起来打了几百板子，打得他浑身都是伤痕，结果他还是不承认，也只得算了。他回到家里，他的妻子知道这事后，悲叹着说："你要是不去到处游说，哪能会给人家打成这样子！"张仪听了忙张开口对妻子说："你瞧我的舌头还在吗？"妻子笑道："当然舌头还在。"张仪道："那就好，只要舌头还在，我将来就有办法。"

果然，以后张仪到了秦国，仗着他的辩才，取得了秦王的信任，做了秦相，提出了"连横"的主张。东西称为"横"，使用威吓、利诱的手段，逼迫东方六国西向和秦结交，就叫作"连横"。

为了破坏六国的团结，张仪主张先争取与秦接壤而又畏秦最深的魏国。他向魏王宣传"连横"的道理，要魏和秦结交。魏王起初不答应，张仪便怂恿秦国攻打魏国。魏与秦战，魏国失败。第二年，秦国进攻韩国，大败韩国，斩首八万，诸国震恐。张仪再次游说魏王，魏王迫于秦威，答应和秦订交。进一步，秦国的目光转向了齐、楚两大强国。当时，齐楚订盟，声势很大。秦国想瓦解齐楚联盟，就派张仪到楚国，欺骗楚怀王说："大王如果信臣的话，和齐国绝交，臣可以劝秦国献出商、於（**今河南省淅川县、内乡县**）地方六百里给大王，并且秦国愿意和楚国结为姻亲，永成兄弟之国。"楚怀王是个糊涂虫，听了张仪的话，信以为真，就派人到齐国去辱骂齐王，同齐国绝交。齐国气极了，反而同秦国联合，共同对付楚国。结果，张仪向楚国派来接受土地的使者说："我说的是六里地，不是六百里地，大概楚王听错了吧！"楚国使臣回去报告怀王，怀王大怒，即刻兴兵攻打秦国。这时秦国和齐国联合起来，两面夹攻楚国，楚军一连败了好几仗，败得很惨，反而被秦国夺去了大片土地。

就这样，秦国利用"连横"政策，对东方六国采取各个击破的办法，最后使"合纵"的盟约完全瓦解。

"合纵""连横"，反映了战国时期纵横捭（bǎi）阖（分化或拉拢）的政治局势，也反映了知识分子——"士"这一阶层的兴起，以及他们在政治上的活动与要求。

（王业猷）

18

火牛阵

田单是战国时齐国的军事家。齐湣（mǐn）王的时候，他在国都临淄（今山东省临淄区）做过小官，并不甚有名。但他办事很认真、很有条理，深受族人敬重。公元前284年，燕国派遣名将乐毅联合赵、韩、魏等国的兵力，打败了齐国；齐国的地方几乎全被燕军占领，

▲ 田单像

只剩了莒和即墨两城没有被攻下。随着逃难的人群，田单率领一家老少也辗转逃入即墨城。他参加了即墨城的防守工作。即墨守城的长官同燕军交战，死在阵上，城里的人推选田单出来主持战

事，因为大家都认为他有才干、有智谋。

田单做了首领，和部下同甘共苦，不分日夜亲自巡城，受到全城人民的热诚拥戴。

他一方面加强城守，另一方面还派人到燕国去侦探敌人内部的动静。他听说燕昭王死了，昭王的儿子惠王继位。惠王原和乐毅有矛盾，彼此很不和。于是他便趁机派间谍到燕国造谣说："齐国现在只有两个城未被燕攻下。乐毅之所以不赶快把这两城攻下，结束战事，是想以伐齐为名，慢慢收揽人心，企图在齐国称王。齐国人倒不怕乐毅，就怕燕国改派别的大将，这样，即墨城马上就要遭殃了。"燕惠王听信了这话，也不深思，就另派大将骑劫去代替乐毅。燕军将士听说乐毅遭了谗害，都愤愤不平。骑劫是一个无能的将领，燕军军心动摇，他根本指挥不灵。

田单用反间计去掉乐毅后，便进一步做鼓舞士气的工作。他在军队里挑选了一个机灵的小兵，叫他假装"神师"，以后每逢下令，总说是出于天神的教导。齐军士兵看见有"天神"下凡帮助，都非常高兴；相反燕军听到这个消息，都非常害怕。

接着，田单放出一种消息，说："我们别的不怕，就怕燕国人俘虏了我们的士兵割去他们的鼻子，把他们放在队伍的前列，让即墨城里人看了害怕，这样人心就会涣散，即墨就再也守不住了。"骑劫听到后，不假思索，就完全按照田单说的话那样做。即墨人一见被俘的人都被割去鼻子，十分激愤，更加决心抵抗，坚守不降。

后来，田单又放出一个消息，说："我们别的不担心，就担心燕军挖掘我们城外祖先的坟墓。要是他们真挖掉了我们的祖坟，即墨城里的人一定会感到寒心，不愿死守。"骑劫听到后，仍然不假思索，又完全按照田单说的话那样做。即墨人看见燕军刨掉了自己的祖坟，烧毁了自己祖先的尸骨，都悲愤大哭，要求出城去和燕军拼命。

田单见到士气高涨，知道机会已到，就下令全城动员。他把自己的妻妾和亲人都编入队伍中，把自己的口粮也都拿出来分给部下。他命令精壮的士兵暂时隐伏，故意用老弱妇女在城头防守。他派人出城去假意投降。骑劫深信不疑，毫无警惕。燕军见齐军要投降，都高呼"万岁"，斗志迅速下降。随后田单又派人给燕军将领送去贵重的礼物，说："即墨很快就要投降了，希望大军进城以后，保全我们的家小。"燕军将领个个欢喜，满口答应。从此燕军将士，丝毫不做战斗准备，整天饮酒作乐，专等田单出来投降。

而这时在即墨城里，田单却在积极做着战斗的准备。他征集了一千多头牛，牛身上都披着五彩龙纹的红绸子，两只犄角上都绑上锋利的快刀，尾巴上都扎上浸透油脂的芦苇；并且预先在城墙根挖开几十个洞口，把牛藏在里面，预备冲锋。同时他又挑选了五千名勇敢的壮士，拿着武器跟在牛队的后头。一切都已准备妥当，到了这天夜晚，田单正式下令出战。牛尾巴上的芦苇烧着了，一千多头火牛怒吼着奔出洞口，直冲向燕军兵营。五千名壮

▲ 火牛破敌

士紧跟在牛后，奋勇击杀。城中人拼命地敲打着各种铜器，鼓噪助威。城外一片火光，喊杀声惊天动地。燕军从梦中惊醒，不知发生了什么大事，慌乱一团，纷纷夺路逃跑，自相践踏，死伤遍地。燕军大败，主将骑劫在混战中被杀死。田单乘胜反攻，齐国沦陷区的人民四处响应，配合田单拦击燕军。齐军大胜，最后终于把敌人完全驱逐出国境。田单率领部队，收复了七十多座城池。

（王业猷）

19

完璧归赵

赵惠文王得到一块世上稀有的美玉——楚国和氏璧。

秦昭王听到这个消息后，派人送信给赵王，表示愿意拿十五座城池来交换这件宝物。赵王同大臣们商量，感到很为难：若是答应，怕上秦国的当；若是不答应，又怕秦国逞强。大家商议了半天，还是想不出一个好办法。

赵王心里十分焦急。这时，身边的一个宦官说："我家里有个客人，名叫蔺相如，是个挺能干的人。我看，叫他去秦国一定合适。"

蔺相如应召而来，向赵王建议说："如果大王实在没有人可派遣，我可以去走这一趟。如果秦国真愿意拿城来换，我就把璧给秦；否则，我就完璧归赵。"

赵王很高兴，便派他去办理这件事情。

蔺相如到了秦国，秦王在王官召见他。蔺相如把璧捧上去，秦王接过来，左看右看，喜得得意忘形，顺手把璧递给左右的侍从和文武大臣们传观。大家看了都称赞不已，齐声向秦王道贺，高呼"万岁"。

蔺相如站在一边等了好久，看到秦王根本不提换城的事情，他想：秦王果真存心霸占这块玉，便走上前对秦王说："这块玉上面还有一点小毛病，不容易瞧出，让我指给大王看。"秦王信以为真，把玉递给了蔺相如。

蔺相如接过玉，退到柱子边，向着秦王，义正词严地说："大王要用十五座城交换这块和氏璧，赵王为了这件事，召集群臣商议，大家都主张不要答应。但是，赵王听了我的话，不愿意和秦国伤和气，同意用这块玉和秦国交换十五座城。赵王为了表示郑重，恭恭敬敬斋戒了五天，才派我把玉送来。可是大王却随随便便把玉递给这个看，递给那个看，未免太不郑重了。我看大王并没有真心拿城交换的意思，是以我不得不把玉收回。假如大王一定要存心威逼，那我就拼着头颅和这块玉一同碰碎在这根柱子上。"说完，真的举起玉，就要朝着柱子猛砸。

这一下可把秦王急坏了，这真是太出乎人的意料。他没办法，只好向蔺相如道歉，并且命人把地图拿来，指点给蔺相如看，说："从这儿到那儿，一共十五个城，全划给赵国。"

蔺相如心里很清楚，知道秦王绝不会有诚意，他不动声色地改换口气，对秦王说："和氏璧是天下闻名的宝物，价值连城。赵王为了送这块玉，斋戒了五天；现在大王要受这块玉，也应该郑重其事斋戒五天。"秦王知道不能强夺，只好忍气吞声答应下来。

蔺相如预料秦王终究会变卦，就在当天夜晚命他的随员化装成平民，抄小路把这件宝物偷偷地护送回赵国。

五天过后，秦国举行十分隆重的仪式，来接受这件天下无双的稀世之珍。一切都按照事先的安排进行，秦王坐在殿上，殿下文武林立，四周一片沉寂，气氛十分严肃。不一会儿，蔺相如空着手，不慌不忙地走上殿来。秦王一见，知道事情不妙，忙问道："和氏璧呢？"蔺相如回答说："秦国多年以来，一直不守信义，赵国吃的亏已经不少，我害怕这次又会上当，已经暗中派人把玉送归赵国去了。我欺骗了大王，很对不起，请大王治我的罪吧！"

秦王气得浑身发抖，大发雷霆地说："我依了你的话斋戒了五天，你竟把玉送回赵国去，这明明是你无理！"

蔺相如面不改色地辩白说："秦强赵弱，只要秦国先把十五座城交给赵国，赵国岂敢开罪大王不把宝物献出？"秦王听了这话，一时无言以对，最后想了想，实在没法，只好自认没趣，放蔺相如回去。后来，秦国并没有把十五座城给赵国，赵国也始终没有把璧给秦国。

"完璧归赵"的故事，千百年来，一直被传为美谈。至今，人们比喻某件物品的高贵，常说"价值连城"。向人借物，保证原物归还，常说"完璧归赵"。这两句成语，就都是从这个故事中引申出来的。

（王业猷）

将相和

蔺相如完璧归赵以后，又过了好几年。在这几年中，秦国攻打过赵国两次，虽说得了些胜利，可是无法使赵国屈服。于是秦王派使者去见赵王，约赵王在渑池（今河南省渑池县）见面。明里说是促进秦赵和好，实际上是打算对赵国进行要挟。赵王害怕被秦国暗算，很想拒绝不去。可是蔺相如和大将廉颇认为，要是推辞，等于表示胆怯。与其示弱于人，倒不如去的好。赵王接受了这个意见，决定去渑池赴会。蔺相如跟着一道同去，廉颇则在边境上布置重兵，以防秦国侵袭。

公元前279年，秦王和赵王相会于渑池。在筵席上，秦王假装酒醉，故意戏弄赵王，说："寡人听说赵王喜欢弹瑟，请弹一曲听听。"赵王不敢不依，只得勉强弹了一曲。这时，秦国的史官赶紧上前把这件事记载下来，写道："某年某月某日，秦王与赵王会饮，令赵王鼓瑟。"蔺相如认为这是对赵国的莫大侮辱，十分气愤，立即上前对秦王说："赵王听说秦王擅长秦国乡土音乐，盆缶敲得很出色，就请大王敲敲盆缶助兴。"秦王大怒，厉色拒绝。蔺相如不管这些，仍捧着盆缶上前，跪献给秦王。秦王还是不肯敲。蔺相如恼火地说："大王如果一定不肯，在这五步之内，我愿意把自己的颈血溅到大王身上！"秦王左右的侍卫都拔出刀来，要杀蔺相如。蔺相如瞪着眼大声呵斥，吓得那些侍卫直向后退。秦王无可奈何，为了解除眼前的威胁，只得随便在瓦缶上敲了一敲。蔺相如也立刻叫赵国的史官把这事记下来，写道："某年某月某日，秦王为赵王击缶。"

秦国的大臣看到秦王没有占到便宜，有些不服气，有人便提议说："请赵国拿出十五座城来作为对秦王的献礼。"蔺相如也接着说："请秦国拿出国都咸阳来作为对赵王的献礼。"宴会间，双方展开了激烈的外交斗争，然而秦国始终没有占到上风。加上这时秦王得到密报，说赵国业已在边境上集结了大量军队，所以更不敢冒失地对赵王无礼。

秦国原想借渑池之会给赵国以屈辱，谁知相反，受屈辱的不是赵国，而是秦国自己。

渑池会后，赵王回到赵国，为了酬报蔺相如的功劳，就拜他为上卿，地位在廉颇之上。

廉颇因此很不高兴，逢人就说："我做赵国大将，攻城野战，出生入死，立了不少汗马功劳；蔺相如全仗着一张嘴，有什么了不起，如今居然地位反在我之上。我可不愿屈居他之下，哪天如果碰到了他，我一定要当面羞辱他一下。"

这些话传进蔺相如的耳朵以后，每次蔺相如出门，处处躲开廉颇，尽量设法避让他。有一次，蔺相如出外有事，远远望见廉颇来了，便赶紧命人把车子拉到僻静地方躲起来。这一下可把蔺相如的门客气坏了，大家都说："我们远离家乡，投奔到您门下，是因为仰慕您的为人。如今您的地位比廉颇高，反倒这么怕他，见了他，到处藏藏躲躲，连我们也感到屈辱。我们实在受不了，只好向您告辞了。"

蔺相如听了，说道："你们不要走。我问你们，你们看，廉将军和秦王比，哪个厉害呢？"

众人同声说："那还用说，当然是秦王威风哪！"

蔺相如道："对呀！天下诸侯个个怕秦王，可是我就敢在秦国的朝廷上大声责骂他。请想，我蔺相如再不中用，难道还会害怕廉将军吗？"

"那您为什么要处处躲避他呢？"

蔺相如解释说："强暴的秦国之所以不敢出兵侵略我国，那是因为我们能够同心协力，团结御侮的缘故。要是我同廉将军为了私人意气争斗起来，就好比二虎相斗，准是'两败俱伤'。秦国一定会乘机来侵犯赵国。我处处避让廉将军，不为别的，正是为了国家的前途着想。"

后来别人把蔺相如的话告诉廉颇，廉颇受到极大的感动。他觉得自己眼光短浅，气度狭窄，为了一时意气，险些误了国家大事。这位劳苦功高、为国忠诚的老将，心里感到十分惭愧。他立即袒开自己的衣服，背着荆条，登门向蔺相如请罪，说："我是个没见识的糊涂人，没想到您竟宽恕我到这样的地步，请您责打我吧！"

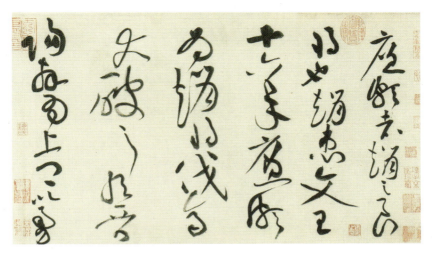

▲ 北宋·黄庭坚草书《廉颇蔺相如列传》（局部）

　　从此以后，他们两个互敬互让，成了极好的朋友。赵国由于将相和睦，内部团结紧密，在很长一段时期，秦国始终不敢出兵攻打赵国。

（王业猷）

毛遂自荐

　　"毛遂自荐"的典故，说的是战国时期赵国的事情。赵国的平原君赵胜，是赵惠文王的弟弟。他喜欢招收能人勇士做门客，毛遂就是其中的一个。

　　公元前258年，秦国围困了赵国的都城——邯郸。赵国派平原君到楚国去请求援兵，打算同楚签订联合抗秦的盟约。

　　平原君想带二十个文武全才的人同他一起到楚国去。他虽有三千多门客，可是挑来挑去，只有十九个人合格，还差一个，就是很难足数。这时，忽然有个坐在末位的门客站起来，说："既然少一个人，那么请您带我去凑个数吧。"

　　平原君惊疑地望着他，问道："先生，你叫什么？来我家有几年了？"那人道："我叫毛遂，来到您这里已有三年了。"

　　平原君微笑着说："有才能的人就好像放在口袋里的锥子一样，它的尖儿立刻就会显露出来。可是先生在我这儿三年了，周围的人从来没有推荐过您，我连关于您的一言半语也没有听说过。先生，您还是留在家里吧！"

毛遂也笑了笑，说："直到今天我才请求您把我放进口袋里去啊，您要是老早就把我放到口袋里，那么整个锥子早就戳出来了，不光只露出个尖儿。"平原君听了无话可答，只好让他一同前去。

到了楚国，平原君同楚王商议订结抗秦的盟约。从日出一直谈判到日中，楚王始终犹豫，害怕秦国，不敢同赵国订盟。双方正在热烈辩论，这时，只见毛遂手按剑把，大踏步走上台阶，大声嚷道："合纵抗秦有利，不联合有害，只要一两句话就可以决定。怎么从早晨直谈到中午，还没有谈判出结果！"楚王感到十分骇异，问平原君："他是做什么的？"平原君回答说："他是我的门客。"楚王皱了皱眉，大声呵斥毛遂道："我同你的主人商讨国家大事，你来插嘴做什么？"

毛遂听了，圆睁着眼，紧把着剑，走到楚王面前，正色道："大王仗着军队多，才敢这样呵斥我。现在，我距离大王不过几步，楚军虽多，也救不了大王，大王的性命悬在我手。您当着我的主人的面，为什么要这样无礼地呵斥我！"毛遂说时神情激昂，楚王坐在座位上，吓得一声不吭。楚王的侍卫谁也不敢莽撞行动。稍停，毛遂又继续说："楚国有方圆五千多里的土地，一百万的甲兵，本来是可以称霸的。以楚之强，理应天下无敌，没想到秦将白起，率数万之众，兴师与楚战，楚国竟被打得落花流水。头一仗攻拔了楚国的鄢（yān，在今湖北省宜城市）、郢（yǐng，在今湖北省江陵县），第二仗烧毁了楚国祖先的坟墓，第三仗又使大王的先人受到侮辱。这种仇恨，百世（三十年为一世）不能忘，连赵国都感到羞耻，而大王却反不想雪耻！依我看，合纵抗秦，为的是楚，并不是为了赵。"毛遂的话，深深地击中了楚王内心的痛处。的确，楚国以一个大国而一败再败于秦，确实是丢脸；败后而不打算雪耻，更是丢脸。将来在其他小国眼里，楚国还有什么地位呢？当着平原君的面，要是拒绝援赵，岂不表明自己是个懦夫？秦围邯郸，赵国坚强抵抗，英勇不屈；楚与赵比，楚大赵小，赵有决心抗秦，楚无决心抗秦，楚国难道就不惭愧？再说，此次秦赵之战，楚不救赵，设若赵胜秦败，楚国必将为诸侯耻笑；设若秦胜赵败，秦必更强，楚国的后患，必将有加无已……楚国应该怎么办呢？楚王想到这里，不禁连忙说："对对，先生说得对。"毛遂跟着又问了一句："那么大王决定签订盟约了吗？"楚王说："决定了。"毛遂一步不放松，当时就要楚王左右的人拿猪狗血来，准备盟誓。毛遂捧着盛血的铜盘，献给楚王说："请大王首先歃血定盟，其次是我的主人歃血，再次是我。"就这样，楚王和赵国签订了合纵抗秦的盟约。

这是一个脍炙人口的故事。直到今天，如果有人自己推荐自己，主动愿意担当某一项工作时，人们还经常引用这个典故来作为比喻。

（王业猷）

信陵君救赵

　　信陵君魏无忌，是战国时魏安釐（xī）王的异母弟。他为人谦虚，爱重人才，远近的人都愿来投奔他。他家里经常有门客三千人。

　　魏国的首都大梁（今河南省开封市）有个隐者叫侯嬴，做大梁城夷门（城的东门）的门监，是一个很受人尊敬的七十岁的老人。信陵君听人说后，便亲自去拜访他，为他举行盛大的宴会，待他为上客。侯嬴有个朋友名叫朱亥，在大梁市上做屠夫，也是一个贤者，信陵君也时常去拜望他。

　　公元前258年，秦兵围攻赵国的国都邯郸。信陵君的姐姐是赵惠文王弟弟平原君的夫人，赵国几次送信给魏王和信陵君，请求派兵援救。魏王派将军晋鄙统率十万大兵去救赵国。秦国听到这个消息，向魏国提出警告；魏王害怕，命令晋鄙暂时停兵不进，把军队驻扎在邺城。

赵国盼望救兵不到,十分焦急,接连不断派人到魏国催促。信陵君再三向魏王请求,魏王始终不肯答应进兵。信陵君为了援助赵国解救其围困,就集合了一百多辆战车,准备带着自己的亲信武士去同秦军拼个死活。出发的这一天,他行经夷门会见了侯嬴,便把自己的打算告诉他,并且向他告别。不料侯嬴却冷冷地说:"公子努力吧!我这个老头儿可不能跟着一起去啊!"

信陵君走了几里地,心里越想越纳闷,自忖道:"我平时对待侯生(侯生,是对侯嬴的尊称)很好,现在我要去拼命了,他却对我这样冷淡,是什么原因呢?莫不是我还有什么错处吗?"想到这里,他命人掉转车子,要回去向侯生问个究竟。侯生见信陵君转来,笑着说:"我早料到公子是要回来的。"又接着说:"公子带了这么少的人去同秦军打仗,正像拿肉喂饿虎,岂不是白白地去送死吗?"信陵君听了,诚恳地向他请教。侯生说:"我听说调动晋鄙军队的兵符放在大王的卧室里,只有大王最宠爱的如姬能够把兵符偷出来。我又听说从前如姬的父亲被人杀害,她怀恨三年,到处设法寻找仇人不着,最后还是公子派人把她的仇人杀死,替她报了仇。她一直感激着公子。假如公子肯开口求如姬把兵符偷出来,她一定会答应。公子得了兵符,把晋鄙的兵掌握到手里,击退秦军,救了赵国,这正是了不起的功劳!"

信陵君依他的话去做,果然把兵符弄到了手。这天,正准备出发,侯生又说:"大将统兵在外,只要便于国家,有时就是君主的命令也可以不接受。朱亥是个大力士,望公子带他同去。万一晋鄙不肯交出兵权,就叫朱亥当场打死他。"

信陵君带着朱亥跟许多门客到了邺城,见了晋鄙,假传魏王命

▲ 虎符

令，要接替晋鄙的兵权。晋鄙把兵符接过来，跟自己带着的那一半兵符一合，合成了一个整体。兵符虽然不错，可是晋鄙心中非常疑惑，说："这是军国大事，我还得奏明大王，才能照办……"他的话还没说完，朱亥抽出藏在袖中的一柄四十斤重的大铁锤，猛不防一锤打去，晋鄙立即身死。

信陵君接管了晋鄙的军队以后，随即进行了一番整顿的工作。他下令军中，说："如果父子都在军中的，父亲回家；兄弟都在军中的，兄长回家；是独子的，回家养父母。"最后他挑选了精兵八万人。

魏军经过整编，士气高涨，猛攻秦军。秦军久攻邯郸不下，士气已疲，现在又受到魏军猛攻，结果大败。

被围了一年多的邯郸，至此正式解围。信陵君受到了赵国人民极大的尊敬。

（王业猷）

23

图穷匕首见

"图穷匕首见"的典故，说的是战国末年荆轲刺秦王的事情。

荆轲是卫国人，喜欢读书、击剑。他自从卫国亡后，就漫游各地，最后到了燕国，和擅长击筑（**古代乐器名**）的高渐离做了好朋友。燕国的隐士田光，也常和他往来。

燕国太子丹曾被当作人质抵押在秦国，秦王嬴政待他很不好，他逃回燕国，时刻想报仇。他因为恨秦，所以有意收留了秦国的逃亡将领樊於期。当时秦国大将王翦正率领数十万大军攻打赵国。秦兵已经快迫近燕国的边界，燕国很危险。太子丹去请教田光，田光便把荆轲介绍给他。太子丹把荆轲当作上宾，优礼接待。他希望荆轲出使秦国，乘机劫持秦王，令他归还侵占的土地，否则就把秦王刺死。荆轲答应了太子丹的请求。

可是过了好久，荆轲还没有动身的意思，而这时王翦已经破赵，秦兵业已打到燕国的南边，太子丹十分恐惧，想催促荆轲赶快起程。荆轲说:"我此去若无凭信,恐怕不能接近秦王。听说秦国悬重赏捉拿樊於期将军,假使能取得樊将军的头,再加上一幅燕国督亢(今河北省涿州市、定兴县、高碑店市、固安县之间)地方的地图,一并献给秦王,秦王必定乐意接见,这样我才能有机会报答太子。"太子丹对于荆轲的计划,很是赞同;只是不同意杀樊将军,觉得这样做不太合适。

荆轲见太子不忍,便私下去找樊於期,把自己打算如何刺秦王的办法对他讲明,同时用言语来激他,结果樊於期自刎而死。太子丹见事已如此,只得依照荆轲的计划行事。他命人准备了一个匣子,把樊将军的头颅用药保存起来封好。又以重价买到一柄锋利的匕首,上面浸淬上毒药,使之杀人能见血立死。匕首就裹在督亢地图里面。另外还找到燕国一个著名的少年勇士名叫秦舞阳的,作为荆轲的副使。诸事预备妥当后,太子丹就打发荆轲上路。

出发的这一天,太子和他的宾客都穿戴着白色衣冠前来送行,一直送到燕国南部的国境易水边。荆轲喝过了饯行的酒,高声歌唱起来。他的朋友高渐离为他击筑。只听荆轲歌道:

风萧萧兮易水寒,
壮士一去兮不复还!

歌声慷慨悲壮,送行的人个个感动。唱完歌,荆轲便带着秦舞阳跳上车子,扬鞭西去,连头也不回。

荆轲等到达了秦都咸阳(在今陕西省),秦王听到燕国派人把樊於期的头和燕国督亢的地图送来，非常高兴，特地用极隆重的仪式来接受燕国的献礼。

荆轲捧着装樊於期头的匣子，秦舞阳捧着地图匣子，二人依次上前。刚走到大殿台阶边，秦舞阳感到害怕，不禁脸色大变，浑身发抖。秦王的左右和群臣都十分诧异。荆轲镇静地回头朝秦舞阳笑了笑，然后向前替他谢罪，说："北方的粗人，从未见过大王，不免惊恐，还请大王恕罪！"

秦王未加深究，紧接着对荆轲说："把秦舞阳手里的地图拿过来。"荆轲双手献上地图。秦王慢慢地把图展开，图刚展完，突然现出一柄亮晶晶的匕首。这时，荆轲眼快，迅疾地左手一把抓住秦王的衣袖，右手抓起那把匕首，就朝秦王胸上猛扎。

秦王大惊，吓得忙从宝座上跳起来，用力把衣袖挣断，脱出手想拔剑抵抗，无奈剑身太长，心又慌，一时拔不出来。荆轲追过去，秦王围着殿上的粗大柱子闪避，情况很危急，群臣都惊慌失措，不知怎么办好。按照秦国的法律：群臣在殿上，不准携带武器，手执兵器的卫士都在殿下，未奉命令不得随便上殿。而秦王在慌乱中又偏偏忘了下令，卫士们都很着急。秦王围着柱子跑，荆轲围着柱子追，眼看快追上，忽然有人提醒秦王："大王把剑鞘推到背上，从背后拔！"秦王依言拔出剑，挥剑砍荆轲，一剑就将他的右腿砍断。荆轲倒在地上，将匕首对准秦王掷去，没有掷中秦王，中在柱子上。秦王反身用剑乱砍荆轲。荆轲受重伤，倚着柱子大骂："事情之所以不成，是我想要活捉住你……"最后，秦王左右一拥上前，将荆轲杀死。

这个故事很著名，从古代一直流传到现在。至今，当人们说到某一事件的阴谋终于暴露时，经常会引用这个典故——"图穷匕首见"。

（王业猷）

端午节

　　农历五月初五，叫作"端午节"，也叫"端阳节"。这个节日的起源，有很悠久的历史。

　　端午节相传是纪念战国时期伟大的诗人屈原的。屈原是楚国人，生于公元前 340 年。他不仅是一位诗人，同时也是一位思想家、政治家。他生活的时代，正当一度很强大的楚国开始走向没落和败亡的时期。他热爱自己的祖国和人民。他在政治上有远见，主张革新，希望楚国能够重新强盛起来。然而他的进步的主张，始终得不到楚王和其他贵族的支持。公元前 278 年，楚国的郢都被秦国攻破，他感到无比地痛苦，就在这年农历五月五日投汨罗江（在今湖南省）而死。

　　自屈原死后两千多年来，人民一直都同情他。每年端午节这天，各地都要划龙船来纪念他。划龙船，是象征当年楚国人民打捞他尸首时的情景。全国各地在这天都要吃粽子。吃粽子，也是

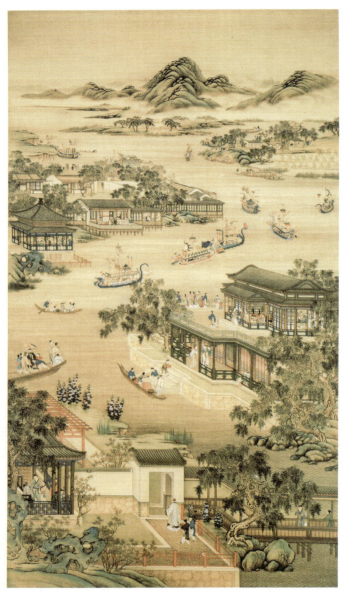

▲ 清·唐岱、丁观鹏等《十二月令图轴》（五月·赛龙舟）

对他表示怀念。据说古代楚国人民每年到这天，都要祭祀他，用竹筒装米投到河里，让他享用。也有的说，把这些东西投进河里是喂蛟龙，好让蛟龙吃了不再去吃屈原的尸体。这就是后世吃粽子的来源。端午节这天，人们还要喝雄黄酒，家家门口还要插上艾叶和菖蒲草。古代人认为艾叶和菖蒲草有辟邪的作用，屈原是被代表邪恶的奸臣所陷害，插上这些东西，不但是一种怀念屈原的表现，而且是一种避邪降恶的象征。

（王业猷）

诸子百家

我们现在所说的"诸子百家"，是指春秋战国时期一切思想家及各种不同的学派。所谓"百家"，是表明家数很多的意思，并不是整整有一百家。

西汉初期，司马谈曾把春秋战国以来的诸子，总括为"阴阳""儒""墨""名""法""道德"六家。西汉末年，刘歆则总括为"儒""墨""道""名""法""阴阳""农""纵横""杂""小说"十家。十家中，除"小说"家外，其余九家被后人称为"九流"，其中比较重要的是"儒""墨""道""名""法""阴阳"六家。

儒家学派的创始人，是春秋末期的孔子；战国时期儒家学派著名的代表人，是孟子和荀子。儒家学说的主要内容为礼乐与仁义。"礼"指的是为区别亲疏尊卑、上下贵贱等级而制定的各种条文。"乐"指音乐，是礼的配合，提倡乐的目的，是为了从感情上缓和上下矛盾，好使礼的作用更加显明。"仁"指的是做人的道理，也

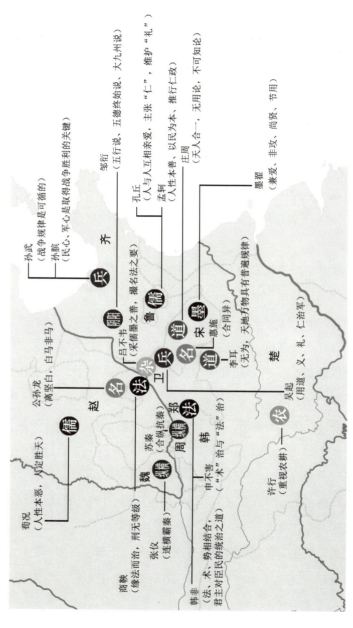

邹衍
（五行说、五德终始说、大九州说）

孔丘
（人与人互相亲爱、主张"仁"、维护"礼"）

孟轲
（人性本善、以民为本、推行仁政）

庄周
（天人合一、无用论、不可知论）

墨翟
（兼爱、非攻、尚贤、节用）

孙武
（战争规律是可循的）

孙膑
（民心、军心是取得战争胜利的关键）

惠施
（合同异）

李耳
（无为、天地万物具有普遍规律）

吕不韦
（采儒墨之善、据名法之要）

公孙龙
（离坚白、白马非马）

苏秦
（合纵抗秦）

周纵横
（"术"治与"法"治）

申不害
（"术"治）

吴起
（用道、义、礼、仁治军）

荀况
（人性本恶、人定胜天）

张仪
（连横霸秦）

商鞅
（缘法而治、刑无等级）

韩非
（法、术、势相结合、君主对臣民的统治之道）

许行
（重视农耕）

齐

燕

赵

卫

鲁

宋

道

名

兵

儒

墨

道

法

法

兵

名

魏

韩

楚

秦

郑

▲ 春秋战国时的主要学派

就是所谓爱和同情心。"义"的意思，就是适宜、合礼，也就是说，人人都要遵循和维护当时阶级社会的一套区分尊卑贵贱的等级制度。在政治思想上，孔子强调礼乐的作用，认为"移风易俗，莫善于乐；安上治民，莫善于礼"。孟子则充分发挥孔子学说的仁义部分，主张国君行"仁政"。荀子讲究礼义，不过荀子所讲的"礼义"，另外还包含法治的意味。儒家的经典著作——"四书""五经"和儒家的各派学说，支配了中国古代文化的各个方面，对于中国整个封建时代的政治生活及精神生活都产生了极其巨大的影响。对中国封建制度的巩固和延长，儒家学说是起过极其重要的作用的。

墨家学派是儒家的反对派，它的创始人是比孔子稍后的墨子。代表他的思想的有《墨子》一书。墨家自己虽不反对等级，但坚决反对儒家所主张的等级制度。墨子认为：儒家所强调的繁文缛礼和厚葬久丧制度，是一种奢侈浪费；孔子所说的"仁"，实际是对贵族的偏爱。针对儒家的观点和当时实际存在的各国贵族的腐化现象，墨子提出了"节用""节葬""兼爱""非攻"等一些主张。墨家有自己严密的组织，凡是墨家门徒，必须服从巨子（墨家领袖称"巨子"）的命令，过艰苦的生活，严守家法，舍命行道，实行教义，分财互助。秦汉以后，由于历代统治阶级都把墨家学说看成一种危险的思想，对它采取压制、排斥的态度，所以墨家学说后来便逐渐走向衰落。

道家是战国时期和儒、墨两家并行的一个学派，重要的代表人物有老子和庄子。老子生卒年不详，研究老子思想，今天主要还是根据《道德经》一书，这本书大概是战国时人所编纂。庄子名周，宋国蒙（今河南省商丘市东北）地人，约与孟子同时或稍后。研究庄子思想，主要应根据《庄子》一书中的"内篇"七篇。老子是我国古代具有极大智慧的思想家。他根据自己对于自然界天地万物变化情况的精密观察，以及对于亲身经历的社会变革的深刻认识，发现了事物矛盾的某些重要法则。他指出，任何事物都含有对立的两方面，并且正反两方面在一定条件下会互相转化。这种承认矛盾变化的观点，具有辩证法的因素，是老子学说中的精华。然而老子在思想上带有消极、保守的一面，他害怕斗争。他虽然发现了矛盾的某些法则，可是却不想发展矛盾，解决矛盾，而是企图把矛盾永远拉回到原来的起点，使它始终停留在静止的状态。庄子的学说比老子更保守、更消极。他以"物（人）不胜天"为中心思想，反对技术的进步和经济的发展，主张人们都应"少私而寡欲"，自然做到"愚而朴"，像婴儿一样保持其所谓真性。秦汉以后的历代君主，在治理天下时，常常利用道家学说来作为驾驭臣民的手段，因此道家和儒家一样，对于中国封建社会的政治和文化，也产生了很大的影响。

名家的代表人物是惠施及公孙龙。惠施是庄子的好友，比庄子的年龄要大。公孙龙生于战国末期，比惠施的年龄要小。他们都是诡辩论者，专门玩弄名词概念进行观念游戏，后世称他们为"名家"。在惠施这一派人的眼里，宇宙间的一切，只不过都是些相对的概念，万事万物都一样，没有什么差别。犬和羊都是动物，所以犬可以为羊；黑和白都是颜色，所以黑也就是白。在公孙龙这一派人的眼里，事物的概念和属性似乎与事物本身是可以割裂开来的。坚白石本来是一件东西，但是他们却认为是"坚"性、

"白"色、"石"形三个独立的概念，而不是一块具体的坚白石。惠施一派诡辩论者把什么都看成相对，甚而抹杀一切事物的差别；公孙龙一派诡辩论者，把脱离具体事物的抽象概念和各种物质属性分割开来，其结果必然是否认客观具体事物的存在。这两种名家观点的表现形式虽然有所不同，但归根到底，都不外是为了混淆是非，借以阻挠社会的进步。

法家有法、术、势三派。"法"的一派，代表人物是春秋时期的子产和战国时期的李悝及商鞅，他们着重于法律条文的制定以及法律的执行和贯彻。"术"的一派，以战国初期的申不害为代表，这一派着重在研究君主驾驭臣下的方法。"势"的一派，以慎到为代表。慎到，有人说生于申不害之前，也有人说生于申不害之后。为了使"法"和"术"能行之有效，君主必须有权力，权力就是"势"，这一派主要就是着重讲究如何增强君主的权势。法家学说，代表了新兴的地主阶级要求建立君主集权国家的愿望，这种愿望在当时是一种进步的思想。

阴阳家以邹衍（一作驺衍）为代表。他与孟子同时。他认为土、木、金、火、水是构成宇宙实体的五种物质，他把它们称为"五行"，或叫作"五德"。五行之间有一定的"相生相克"关系——矛盾对立与统一的关系。宇宙本身的运动，就是这五种物质的"相生相克"在起作用。古代人的看法，认为天道和人事是相互影响的。邹衍把自然界五行相生相克的道理，拿来说明人类历史的进化。他认为，某一朝代的兴盛，必然和五行中当今的某一"德"配合，下一朝代的兴起必然是它所配之"德"胜过前一朝代所配之"德"。例如，舜得土德而旺，夏得木德而旺，商得金德而旺，周得火德而旺。根据五行相克的道理，木克土，金克木，火克金；因此夏能代舜，商能代夏，周能代商。周以后，必为得水德的朝代代替；再后，必为得土德的朝代代替，然后又是木德、金德、火德、水德，如此循环不已。邹衍把这种循环称作"五德终始"。阴阳学派能够看出宇宙间事物矛盾对立与统一的关系，以及人类历史的进化，这是很了不起的；但是，他们利用"五德终始"的学说来解释人事，把人类历史的发展说成是循环的，而不是不断向前发展的，这是很有害的。

总之，春秋战国时期"诸子纷起，百家争鸣"局面的出现，在我国文化发展史上，是一个很重要的阶段。

（谢承仁）

四书 五经

▲ 朱熹像

　　"四书"的名称，是从南宋淳熙年间（1174—1189）才开始有的。当时的理学家朱熹，特别从《礼记》一书中，提出《大学》《中庸》两篇独立成书，与《论语》《孟子》合称为"四子书"，也叫作"四书"，是儒家的经典著作。

　　《大学》一书，阐述了儒家的社会政治观点。书中提出了"三纲领"和"八条目"。"三纲领"指的是"明德""亲民""止于至善"，"八条目"指的是"格物""致知""诚意""正心""修身""齐家""治国""平天下"。书中特别强调修身的重要性，认为修身是中心环节，是治国、平天下的第一步，也是格物（研究事物之理）、致知（求得知识）的基础。而所强调的"修身"，实际上就是要人们的一切言行都符合巩固封建统治秩序的需要。所提倡的格物、致知，并不是鼓励人们去接触外界事物，参加社会实践，而只是教人专心注意内心的反省。

《中庸》是儒家宣传封建道德的一部伦理教科书。书中提出了"中庸"这一概念，来作为指导人们行为的标准。什么叫"中庸"呢？意思是说，在不同的时间和条件下，人们的行为既不要过分，也不要不及。"中庸"的人生观，在中国的封建社会里，产生了极大的影响。过去，这种折中主义的观点，常被统治阶级利用来作为反对任何根本改革的借口，也常被那些具有保守思想的知识分子引用来作为逃避现实斗争的理论根据。

《论语》一书，是孔子的弟子和再传弟子编纂的。孔子死后，弟子们把平日关于孔子言行的记录收集起来，整理成书，叫作《论语》。《孟子》书中常引《论语》的话，可知《论语》纂辑成书的时间，当在孟子生前。汉朝时，《论语》原有《鲁论》《齐论》《古论》三种，《齐论》《古论》早已失传，现存的只有《鲁论》一种。《论语》的体裁很像后代的语录，其中，有记孔子所言，有孔子答弟子所问，有弟子们的自相问答。全书共二十篇，是儒家思想所依据的经典，也是研究孔子思想的主要材料。《论语》的文字很简朴，每叙述一事仅用数十字，意思便很圆满，是很好的语录体散文。

《孟子》七篇，是孟子的门人公孙丑、万章等所追述。里面记载着孟子的政治活动和对某些学术问题的见解，以及和其他学派的一些争论。《孟子》的文章，词锋犀利，气势雄健，说理精辟流畅，轻松幽默。这不仅是一部儒家的经典著作，同时也是一部优秀的古代散文集。

"五经"是指《易》《书》《诗》《春秋》《礼》五种书。这几部经典流传到现在，已经两千多年了。

《周易》就是《易经》，是我国古代卜卦用的书。相传《易经》里的《易传》，也叫作《十翼》，是孔子所作。这种说法不见得可信。《易传》有《系辞》，主要说明"变化之道"，总论全部《易经》的道理。《系辞》里包含朴素的辩证法思想，认为天地间一切事物都是变化的；可是它又认为有一种本质不变的东西存在，那就是天一定在上，地一定在下，在上者必尊，在下者必卑。这种思想应用到人事方面，就是枝节问题可以变，而统治阶级的根本制度不能变。这种哲学思想，形成了儒家政治思想的基础。

《尚书》就是《书经》，是上古的政治论文集，分《虞夏书》《商书》《周书》等几部分，包括古代许多重要的档案和文告。这是一部具有很高史料价值的历史典籍，也是儒家的一部重要经典文献。

《诗经》是我国最古的诗歌总集。它保存了从西周初年到春秋中期的三百零五篇诗歌。全集分三个部分："风"，是民歌；"雅"，是贵族们的诗歌；"颂"，是贵族们祭神、祭祖先的舞曲。传说《诗经》是经过孔子修订和整理的。《诗经》的内容非常丰富，它反映了当时社会各个阶层的生活。它的表现方法多种多样，情感真挚，文辞优美朴实，感染力强烈，是我国文学宝库中一颗灿烂的珍珠。

《春秋》是一部编年的历史书，记载了公元前 722 年到公元前 481 年间，共二百四十多年的历史。东周时期各国都有史官记事。鲁国的史官记事，就叫作《春秋》。孔子可能对鲁《春秋》加以删修整理过，所以一向就说《春秋》是孔子作的。

《礼》有《周礼》《仪礼》及《礼记》三种（后世"五经"中的"礼"指《礼记》）。《周礼》是战国时的学者记述周朝官制的书。《仪礼》就是孔子所编订的《礼经》，原书已经不全，现在所见的是汉朝儒家的传本。《礼记》是孔子弟子以及后人传习《礼经》的记录。《周礼》《仪礼》《礼记》合称"三礼"。这是考察儒家思想和战国以前制度器物的重要典籍。

（王业猷）

27

孔子 孟子

▲ 孔子像

孔子是我国春秋末期伟大的思想家、教育家。名丘，字仲尼，鲁国昌平乡陬（zōu）邑（今山东省曲阜市）人。生于公元前551年，死于公元前479年。他的祖先是宋国的贵族，没落后迁移到了鲁国。宋是商朝的后代，鲁国是周公的封地，这两国保存商周的文化最为完备。春秋时期，各国大夫观礼、观乐，都要到鲁国。孔子在这样的环境里学习到了很多有关礼乐的知识。据说他幼年时做游戏，就常爱做各种礼仪的演习。

孔子曾整理过古代的文献书籍，相传《诗经》《尚书》《易》《礼》《春秋》等书都经孔子整理过。孔子对于总结我国古代文化遗产，有着巨大贡献。孔子主张做学问的态度是"毋意、毋必、毋固、毋我"，意思就是不臆测，不武断，不固执，不自以为是。

孔子是一位大教育家，做了几十年的教育工作。对学生，他主张因材施教。他教过三千名学生，据说精通礼、乐、射、御、书、数六艺的有七十二人。他的学生有贵族也有平民，各国人都有。

▲ 孔子杏坛讲学

在哲学思想上，孔子学说的核心是"仁"。他曾说过"仁者爱人"的话。他强调"己所不欲，勿施于人"，认为损害别人的利益，就是不仁。他希望志士仁人要不惜牺牲性命来达到仁，不要苟且偷生来损害仁。

在政治上，孔子对于当时社会的动荡表示不安，要求通过制礼作乐的手段做到君惠、臣忠、父慈、子孝，从而巩固统治阶级的内部团结。这种主张，为后来的封建统治者提倡利用，影响中国的社会极为深远。

历史上称孔子为"至圣"，由来甚久。自从汉武帝罢黜百家，尊崇儒术以后，孔子的地位便一天一天抬高。唐朝玄宗开元二十七年（739），唐政府下令追尊孔子为"文宣王"。宋朝真宗大中祥符五年（1012），改称孔子为"至圣文宣王"。元朝成宗大德十一年（1307），给孔子加号为"大成至圣文宣王"。明世宗嘉靖二十七年（1548），改称孔子为"至圣先师"。清朝最初定称号为"大成至圣文宣先师孔子"，到顺治十四年（1657）改称为"至圣先师孔子"。

总之，历朝统治者对孔子都是备极尊崇的。这是因为孔子的哲学思想和政治主张，正是维护他们统治秩序的工具。当然，今天我们也很尊敬孔子，不过今天的尊敬和过去的"圣化"，本质上是不相同的。孔子是我国古代文化的代表人物。他的学说，我们需要整理总结，吸取其精华，去除其糟粕。把他神化、圣化是不对的。当然，完全否定他在先秦文化中起过一定的积极作用，也是不对的。

▲ 孟子像

孟子名轲，鲁国邹（今山东省邹城市）人，大约生于公元前390年，死于公元前305年。他是鲁国贵族孟孙氏的后代，没落为"士"，是孔子的第三传学生（孔子—曾子—子思—孟子）。他为了实现自己的政治理想和抱负，曾游说齐、鲁、宋、滕、梁等国诸侯。他曾在齐国做了几年卿，在梁国也很受优待。不过齐宣王、梁惠王都认为他的学说不合时宜，并未加以采纳。后来他见自己的主张行不通，于是退而授徒讲学。

孟子不仅是儒家曾子、子思学派的继承人，而且还发展了这一学派，故后世把他当作儒家的嫡传大师，地位仅次于孔子，与孔子合称"孔孟"。

孟子的哲学思想是"性善论"。他认为人的本性都是善良的，仁、义、礼、智等品质都是自然地先天具备的。至于人为什么会有不善的行动，他认为那是由于外界事物的引诱。根据

▲ 清·康涛《孟母断机教子图》

这种认识，他承认教育的作用，主张通过教育的手段，教人去其不善以存其善。可是他又过分强调个人的主观精神作用，提倡存心养性，培养其所谓"浩然之气"，以达到"富贵不能淫，贫贱不能移，威武不能屈"。孟子的思想，形成了儒家哲学中唯心主义的理论体系，对于后来宋代儒家有着很大的消极影响。

在政治思想上，孟子最突出的主张，是行"仁政"。这种主张是针对当时各国诸侯的兼并战争而发的。他从稳定君主的统治地位出发，强调君主应当与民同忧、同乐、同好、同恶，应当让人民过安定的生活。要使老年人能衣帛、食肉，鳏、寡、孤、独的人生活能有所依靠。他反对那种强欺弱、众暴寡的兼并战争和对人民的无辜屠杀。他主张讲公义，反对讲私利。他憎恨暴君，承认国人有权杀暴君，杀暴君是诛独夫，不是弑君。他提出了"民为贵，社稷次之，君为轻"的"民贵君轻"思想，并且加以发挥，成为封建时代带有民主思想色彩的、宝贵的政治理论。他同时还提出了"劳心者治人，劳力者治于人"的看法。

历史上称孟子为"亚圣"，由来也是很久的。宋、明的道学家们都极力推崇他，认为他是独承儒家正统的传人。元朝文宗时曾封孟子为"亚圣邹国公"，明朝世宗嘉靖年间免去孟子的封爵，只称"亚圣"。

（王业猷）

28

老子 墨子 韩非

相传老子姓李，名耳，楚国苦县（今河南省鹿邑县）人。他是道家学派的创始者。他的生卒年代不详：有人说他生于孔子之前，有人说他与孔子同时，另外还有人说他生于孔子之后。他的学说被广泛传播，是在战国的后半期。

老子的哲学思想，具有朴素的唯物辩证法因素。他看到了宇宙万物矛盾的对立统一与相互转化的法则。在政治思想上，他提出了"无

▲ 明·张路《老子骑牛图》

为而治""小国寡民"的主张。他认为，为了治理国家和应付自然，最好是掌握节制的原则。治理一个大国，要像煎一盘小鱼一样，不要常常去搅动它。天下禁令越多，人民就越陷于贫困，人们的技术越巧，奇奇怪怪的东西就越会增多。他说："我无为而民自化，我好静而民自正，我无事而民自富，我无欲而民自朴。"他反对暴政，指出：人民之所以有饥荒，是因为执政当局收取的捐税太重。如果宫廷是豪华的，那么田里就会长满野草，仓库就会十分空虚。他希望人们恢复到孤立生活的远古时代去，很小的国家，很少的人民，邻国相望，鸡声、狗声相闻，而彼此不相往来。在他看来，人民之所以难治，是由于人民有智慧，因此他主张"绝圣弃智""常使民无知无欲"。历朝的统治者，对老子学说中的落后部分，是十分欢迎的，他们都大力鼓吹老子的这种愚民思想。

墨子名翟，鲁国人（一说宋国人），是春秋末期伟大的思想家、政治家。大约生于公元前 480 年，死于公元前 420 年。他出身于下层社会的劳动人民家庭，懂得一些手工业生产技术。

他替手工业者、小私有者说话，无情地揭发了王公贵族的奢侈浪费，提出了"节用""节葬"的主张；他代表手工业者、小私有者争取政治地位，反对贵族世代专权，主张选拔贤人出来管理政治。并且认为人民也应该参加政治，还指出奴隶也是人。

▲ 墨子雕像

▲ 古代战争攻防器械（部分展示图）

在墨子学说中，"兼爱""非攻"的主张，是构成墨子思想的核心。墨子提倡人与人应该无等差地"兼相爱"，认为只有这样，才能"交相利"，才会大家都有好处。在他看来，正是人们不能"兼相爱"，才产生"攻""乱""贼""窃"的现象。"攻乱贼窃"是不义，进攻别人的国土是大不义。他坚决反对不义的侵略战争，并且用自己的实际行动来阻止这种战争，流传的墨子"止楚攻宋"的故事，就是一个很好的例子。

韩非是战国末期的伟大思想家，代表法家的主要人物。

韩非是韩国的公子（古时称诸侯的儿子为公子），大约生于公元前280年，死于公元前233年。他和秦国的政治家李斯都是荀子的学生，可是才学比李斯高强。他的文章写得很好，长于著书立说。他好几次给韩王上书，劝韩王实行法治，韩王都没有听从。后来秦始皇读了他的著作，十分赞赏，于是把他请到了秦国。韩非到秦国后不久，就被李斯陷害，自杀于狱中。

韩非总结了李悝、商鞅等各派法家的学说，吸收了儒、道两家有关法治的思想，最后完成了法家的理论体系。他提出了完整的中央集权的政治理论，认为"法治"是唯一适合当时政治形势的一种必然要求。他的主张主要有以下几点：

1. **国家应当把法令用明文公布出来，使大家都能了解，有所遵循。** 不仅人民，甚至贵族和官吏，都应当遵守国家法令，从而巩固君主的统治势力。

2. **君主应该有威严和权势，以便掌握国家的最高统治权。** 官吏、将帅都由君主任免。只要有能力，即使"出身卑贱"，也可以做官。

3. **重视开垦荒地和发展农业，认为这是使国家走向富裕的根本办法。** 主张奖励努力耕田的农民和勇敢作战的战士。要求取消不耕而富和没有军功而享有爵位的旧贵族的特权。

4. **主张禁止其他各种学派的活动，以国家的法令来约束人民的思想。** 国家对人民的言论和思想，应该进行严格的控制。

5. **政治上的改革，应该根据现实的需要，不必遵循古代的传统。** 因为历史是进化的，而国家的法律制度也应该随着变化，不应该拘泥于古代。

韩非的学说，为新兴的地主阶级加强封建专制的统治，提供了理论基础。秦始皇统一中国以后，巩固统一国家的各种政治措施，基本上采用了韩非的主张。

（王业猷）

29

孙武 《孙子兵法》

孙武是春秋末期伟大的军事学家，后世尊称为孙子，生卒年代不详。他原来是齐国乐安（今山东省惠民县）人。他的家庭，是齐国世袭的贵族。他最初也在齐国做官，后来因避乱投奔吴国，成为一个流落异国的没落贵族。这时阖闾做了吴王，任用楚

▲ 孙武像

国的伍子胥做谋主，伍子胥同孙武交了朋友，后来便把孙武所著的兵法送给吴王看。吴王读了很是称奇，便让孙武训练全国的将士。公元前506年，吴王派孙武担任大将，出动了三万大兵，进攻楚国，五战五胜。公元前505年，吴军攻占了楚国的郢都。经过这

次战争，吴国一跃而成了当时的头等强国。

孙武给后世留下的《孙子兵法》十三篇，是我国古代最杰出的军事学著作。这部著作，大体是孙武总结春秋时期及其以前的战争经验以及平时和吴王、伍子胥等研究军事的论点，经过后代人长期整理而成的。今天所见的《孙子》十三篇，就是经过东汉时曹操的选择和删削的。我国历代的名将都很推崇这部兵法，有些外国的军事学家也很推崇这部兵法。

《孙子兵法》有自己精深完整的体系，对于战争问题、战略问题等，都有比较精辟的分析和看法。下面我们概括六点，来说明这部书的价值：

1. 战争的正确指导，在于"知彼知己"。 "知彼知己者，百战不殆"，这句话见于十三篇中的《谋攻篇》。孙武的意思，就是要求在作战时，既要了解敌人的情况，又要了解自己的情况，从而加以比较分析，然后确定战略的计划与战役的部署，充分发挥主观能动性，以取得战争的胜利。"知彼知己，百战不殆"这一总的原则指导，即使在今天，用来指导战争，也是正确的。

2. 战争的正确指导，在于争取主动权。 孙武对于在战争中争取主动这点是非常重视的。他说："善于作战的人，能调动敌人而不被敌人调动。"他认为争取了主动权，使敌人不知我从何处进攻，处处防守，兵力分散，然后我可以"避实而击虚"取得胜利。设法造成敌人的弱点，这是《孙子兵法》在军事上表现主动性最突出的地方。他的办法很多，如有计划地造成敌人的错觉而给以出其不意的攻击，或者给敌人以小利，引诱敌人进攻而将其全部歼灭。

3. **在进攻战方面，孙子有很多极其高明的见解。** 他指出：进攻时要集中兵力，突破敌人一点。避开敌人坚固的地方而向敌人的弱点攻击。

4. **在运动战方面，孙子提出了很多卓越的意见。** 他说："乘敌人措手不及，从敌人想不到的道路，攻击敌人所不戒备的地方。"又说："我们想决战，敌人虽然高垒深沟都不得不出来同我们在运动中来打，那是因为进攻了敌人所必救的地方。"战国时期的大军事家孙膑，就很会运用孙武这套原则，取得过辉煌的胜利。

5. **《孙子兵法》中，在强调战争指挥的灵活性这方面，也有不少精辟的论断。** 孙武非常讲究"出奇制胜"，所谓"出奇制胜"，就是以变化无穷的战术打击敌人。他说："善于'出奇'的，就像天地那样变化无穷，就像江河那样奔流不竭。"又说："作战方式灵活变化到顶点，就看不出行动的规律来。行动规律既然不可捉摸，那么，就算有深藏的间谍也将偷看不到底细，聪明的敌人也想不出办法来。"对于用兵，孙武很强调"机变"，强调用不同的方法来解决不同的矛盾。战争中兵力的分散和集中，分进和合击，需要根据敌人的情况，灵活地运用和变化，这才是保证胜利的关键。

6. **十三篇中，对于如何依据敌我两方兵员的多寡来采取战争的行动，有着十分明确的论述。** 孙武认为：我方兵力比敌人多十倍，就可以采用包围战；比敌人多五倍，可以采用进攻战；比敌军多一倍，可以分兵来作战；相等的兵力，可以合力来作战；兵力较少，就只能采用防御战；兵力差得太多时，只有暂避其锋。这些重要的原则，如果运用得当，是可以发挥很大的战斗作用的。

由于阶级出身和所处时代的限制，孙子的军事思想，不免还有很多缺陷，不过尽管如此，孙子仍不失为我国古代最伟大的军事理论家。

（王业猷）

30

班门弄斧

"班门弄斧"这个成语，出自明朝梅之涣《题李白墓诗》：

采石江边一堆土，李白之名高千古。

来来往往一首诗，鲁班门前弄大斧。

梅之涣认为有些人写诗不如李白，却不自量力，路过李白墓前，偏爱题诗，所以他拿"班门弄斧"这句话来讽刺那些自炫其能的人。

在班门弄斧这个成语中，"班"指的是鲁班。鲁班叫公输般，又称公输子，是春秋战国时的巧匠和著名的技术工程家。他出身于文化比较发达的鲁国，是孔子的学生子贡的弟子。他后来到了楚国，就长期住在楚国。当时楚越之间常发生战争，楚国常被越国打败，为了改变这种战败的局面，公输般替楚国发明了一种名叫

"钩拒"的水战新式武器。《墨子·鲁问篇》中提到公输般这种新式武器："退者钩之，进者拒之。"意思是说，在敌人的船队后退时可以把它钩住，在敌人的舟师进攻时可以把它挡住。另外，据说他又制造了一种攻城的利器——"云梯"，十分厉害。公输般不仅发明了许多新式武器，还发明了不少生产工具，修建了不少桥梁或房屋。有人说他还造过能飞的木鸢，飞到空中几天几夜不落到地上。他的智巧自古以来便为人们所称道。过去木匠、泥瓦匠、铁匠、石匠等行业，都把公输般尊奉为祖师。他成为我国民间传说中劳动人民智慧的代表。

（王业猷）

31

屈原

　　屈原（公元前340—前278），名平，出身于楚国一个贵族的家庭。他受过很好的教育，学识渊博，记忆力强。他的文章写得很好，擅长外交辞令，对当时国内外的政治形势十分熟悉。

　　楚怀王时，他曾做过楚国的左徒（楚国很高的官职），出使过齐国。他在政治上是怀有远大抱负的：他希望能制定新的法令来改革楚国的内政，使日益衰弱的楚国重新像往日那样富强起来。他痛恨那些持权弄柄的守旧贵族，同情人民的艰难困苦。他期望怀王能够亲近贤臣，提拔有才德的人出来担任国家的领导。

　　在外交上，他坚决主张联合齐国，抵抗秦国。

　　起初，楚怀王曾一度相当信任他，他的联齐抗秦的主张也一度博得了怀王的支持；但是后来由于怀王听信了奸臣的谗言，加上受了秦国的威逼利诱，便渐渐地和他疏远了。当时，在楚国，联齐和联秦是两条对立的外交路线，这两条路线斗争很激烈。屈原是

▲ 傅抱石《屈子行吟图》（屈子即屈原）

主张联齐派的首领。楚怀王的宠姬郑袖和令尹（楚国官名）子兰以及上官大夫靳尚，是亲秦派的代表。公元前299年，怀王在令尹子兰的怂恿下，到秦国去订立盟约，结果上了大当，被秦扣留，不得回国，最后竟病死在秦。怀王入秦不返的消息传到楚国，楚太子继位为王，就是顷襄王。

顷襄王刚即位的时候，楚国反秦的空气一时十分浓厚，可是过了不久，在秦国强大的军事压力之下，顷襄王就屈服了，亲秦派的势力大大抬头。屈原遭到了令尹子兰等人的倾陷排挤，被流放到大江以南。

从此，饱受各种政治打击的屈原，怀抱着拯救祖国的无限热情，内心忍受着无穷的痛苦，开始了十多年的流放生活。

在他六十二岁那年，秦国派遣大将白起攻破了郢都，楚国已经面临着亡国的危险，屈原的心中充满了无限的悲痛，正如他自己所说："旧愁未去，又接上了新愁。想到郢都的收复遥遥无期，就像江水与夏水没有尽头。"（白话翻译系根据郭沫若《屈原赋今译》，下同）他感到悲惨万端，有苦难言。他怀着对故国的满腔赤诚，写下了如此动人的诗句：

啊，我在向四方远望，
要几时才能再回故乡？
飞鸟一定要归巢，
狐死，头向着山冈。
我无罪而遭流窜，
日日夜夜心中不忘。

就在这年，屈原终于以身殉国，投进汨罗江中而死。

屈原是一位伟大的诗人，他写下了许多杰出的诗篇。他的作品流传到现在的有《九歌》《天问》《离骚》《九章》等二十五篇，大部分是可靠的。他在古代中国诗歌创作史上掀起了一次大的革命。他吸取了民间歌谣体的优点，并且发展了这种优点，形成了自己独特的创作形式——"楚辞"，给后世两千多年的中国文学带来了极其巨大的影响。他在年轻得意时写的作品，大多是一些祭神的歌词，文字清新、生动，音调铿锵、玲珑，读后令人有一种沐浴在春天的和风之下听泉声、鸟语的感觉。他流放时写的作品，在思想性和艺术性上都达到了很高的境界，内容充满了忧国忧民的

▲ 《九歌图书画卷》（局部）

感情，悲愤、沉痛、抑郁、奔放，读后会使人产生一种四野茫茫、雷鸣闪电、狂风暴雨即将横扫一切的心情。

他的代表作《离骚》，就是他遭到流放后所写的一篇最宏大的抒情诗。在诗中，他给予了人民极深厚的同情，写下了这样的句子：

我哀怜着人民的生涯多么艰苦，
我深长地叹息禁不住要洒下眼泪。

在另一篇流放后的作品《抽思》中，作者写下了这样的诗句：

想率性离开故乡跑向国外，
看到人民的灾难又镇定下来。

　　郢都被破后，作者怀着对祖国的无比热爱，在《哀郢》一诗里
写道：

登上大堤，我向远方眺望，
姑且这样，以疗慰我的悲伤。
可爱的国土呵，无边的沃壤，
水乡的民俗这样古朴纯良。

这些诗渗透了作者高洁的情操，说明了作者伟大的人格。中国人民热爱屈原的人格，也热爱屈原美丽的诗篇。

（王业猷）

32

都江堰　郑国渠

　　都江堰是秦昭王在位（公元前306—前251）时蜀守（蜀郡的长官）李冰兴建的（一说是公元前250年秦孝文王时李冰担任蜀守时兴建的）。四川都江堰市、成都一带，正当岷江从西北多山地区流经成都平原南向注入长江的去道上。水在山间流得很急，一到平原，流速顿减，水中挟带的泥沙随着沉积下来，容易堵塞河道。因此每年一到夏季，岷江水势骤涨，常发生水灾，水退之后又常有局部旱灾。怎样克服水旱灾害以保证农业丰收，这是古代四川人民长期以来最希望解决的一个问题。

　　李冰担任蜀守时，吸取了前人治河的经验，视察了都江堰市一带的地势，找出了岷江泛滥的关键，研究了防治洪水的方法。他和儿子二郎一起，领导当地的人民，就地取材，经过长期艰辛的劳动，最后完成了这项闻名于世界的，我国古代最大、最成功的水利工程——都江堰（古书上叫作"都安堰"）。

这项工程，修建在都江堰市城外，是一个综合性的防洪灌溉系统，主要工程包括：起分水作用的"都江鱼嘴"，保护河岸、减少流水冲刷力量的"百丈堤"，隔离岷江内、外江水道的"内金刚堤"和"外金刚堤"，宣泄内江过多水量的溢水坝——"飞沙堰"，弧形的护岸建筑"人字堤"，以及人工开凿的内江通道"离堆"和"宝瓶口"。从百丈堤到宝瓶口，各项工程连绵共约三公里。内江经过宝瓶口流到都江堰市东南分成三大支流，输水灌溉农田；外江向正南流，沿途分成六大支流，输水灌溉农田。总计分支流有五百二十多条，分堰有二千二百多道，渠道总长约一千一百六十五公里，灌溉面积合古代亩数三百多万亩（古代每亩合今亩五分二厘）。

　　都江堰修成后，完全改变了成都平原的面貌。从那时起，直到现在，二千二百多年来，这一工程一直都在为农业生产服务。

　　郑国渠开在陕西的渭河平原上。这里原是黄土冲积地带，由于雨量较少，常闹旱灾，所以粮食产量不高。公元前246年，秦王嬴政采纳韩国水利专家郑国的建议，从谷口（今陕西省礼泉县北）起，开凿渠道，引泾水直达中山（今陕西省泾阳县北），又向东通到洛水，这就是著名的郑国渠。渠道共长三百多里，灌溉了今天泾阳、三原、高陵、富平、蒲城、白水等县合古代亩数四百多万亩的田地。

　　自郑国渠修成后，关中一带变成了沃野，免除了严重的旱荒威胁，平均每亩田地的产量都达到"一钟"（合六斛四斗）。

（王业猷）

33

秦灭六国

秦统一全国是在公元前 221 年。

原来秦国自从商鞅变法以后，经过一百多年的时间，发展生产，养精蓄锐，越来越富强。公元前 246 年，秦王嬴政即位，积极地向各国展开了军事攻势。公元前 230 年灭韩国，前 228 年灭赵国，前 225 年灭魏国，前 223 年灭楚国，前 222 年灭燕国，前 221 年最后灭齐国。十年之间，次第灭掉各国，结束了战国时代分裂割据的局面，建立起中国历史上第一个统一的封建王朝——秦。

统一国家的诞生，有很多好处。

从此，自春秋战国以来，那种经常动员人畜、转运粮秣，兵不解甲、马不离鞍，"争城以战，杀人盈（满）城；争地以战，杀人盈野"，生产破坏、人众流亡的争战局面，可以大为减少，人民也可以在比较安定的环境里生产和生活了。

从此，那种因分裂而各造堤防，天旱为了争夺水利相互征伐，天涝放水别国以邻为壑的现象，可以免除了——水利由统一的政府统一管理，对农业生产更为有利。

从此，割据时期造成的此疆彼界以及其他各种限制人们交往的人为障碍，可以取消了；东方的盐铁和海产，南方的木材和矿产，西方的皮毛和珍宝，北方的马匹和牛羊……可以相互流通，运往各地了。这对进一步巩固和发展各族人民共同的经济和文化，显然是大有好处的。

从此，在统一的国家里，可以更好地动员和组织全国的人力、物力，加强国防，保卫人民的生产与生活。

总之，秦的统一，是适应当时社会发展的趋势，符合广大人民的利益和要求的，具有重大的进步意义。

（王克骏）

34

秦始皇

秦初灭六国，秦王嬴政觉得天下已大定，若"名号不更，无以称成功，传后世"，就下令叫大臣们讨论换个称号。大臣王绾、冯劫、李斯等认为秦统一全国，功业"自上古以来未尝有，五帝（传说中的五位古代帝王）所不及"，古代有"天皇""地皇""泰皇"（均为传说中的古帝王），"泰皇"最贵，因此共上尊

▲ 秦始皇嬴政像

号，建议秦王称"泰皇"。秦王嬴政去"泰"留"皇"，采上古的"帝"号，号曰"皇帝"，自称曰"朕"（当"我"讲，古代无论尊卑均可称"朕"，秦以后只能天子一人独称）；并且决定从自己起，称"始皇帝"，子孙后世以数计，称"二世"，称"三世"……依数类推，至于千世、万世，传之无穷。

秦始皇采取了一系列加强中央集权国家统治的措施：

1. 确立中央集权的政治制度。 皇帝是全国至高无上的统治者，掌握国家政治、经济、军事各方面至高无上的大权。皇帝以下，在中央，设置丞相、太尉、御史大夫和廷尉等官职。丞相辅佐皇帝处理国家大政，是最高的文官；太尉掌管全国的军事，是最高的武官；御史大夫管监察百官；廷尉掌理中央刑狱。这些官都由皇帝任免和调动，不得世袭。在地方，彻底废除分封诸侯的办法，把郡县制度推行到全国。分全国为三十六郡（秦始皇末年，因疆域扩大，增至四十余郡），郡下设县。郡有郡守，县有县令或县长（万户以上县称令，不满万户县称长），分别负责管理一郡、一县的政事。郡、县都设尉，管理军事。郡又置监御史，监视郡守、监察郡政。这些官吏都由中央政府直接任免。县以下还有"乡""里"等行政组织。实行郡县制度，中央政府的权力可以直接下达至各地，避免了地方的割据称雄，巩固了国家的统一。

2. 统一文字和统一车轨与度量衡。 战国时，各国的田亩大小、车轨宽窄、法律法令、服装制度、语言文字等都不一样。秦统一后，这种紊乱现象当然不能被容许再存在。秦始皇命李斯等以原来秦国的文字为基础，制定出一套笔画比较简便的新文字——小篆，通令各地使用，六国的文字与秦不合的都废弃。后来程邈又根据民间流行的字体，整理成一种比小篆还要简便的隶书，书写起来更方便。同时，秦始皇还下令统一全国车轨的宽窄，又把原来秦国的法律施行于全国；另外还统一了钱币的形制，统一了度量衡的标准。

这些措施，实际上是对当时社会的一种重大改革，而这种改革又完全顺应当时统一的政治局面要求，并为以后经济和文化的进一步发展带来了很大好处。

但是，这些新的政策和

▲ 秦·李斯《峄山碑》（局部）

措施，引起了不少守旧势力的反对。他们引经据典，以古书上的话做根据，对政府进行恶意批评。秦始皇召集群臣商议，丞相李斯说："时代变了，制度办法也必须跟着变，古代的制度，在古代是好的，但在今天就不能再用。有旧思想的人，随意批评法令，既影响政府威信，又容易混淆是非。"他主张：除了秦国的历史记载，凡是六国的史书和民间收藏的《诗》、《书》、诸子百家等典籍都一律烧掉；以后还有人在一起谈论这些古籍内容的，处死刑；引用古书批评当世的，杀全家。秦始皇采纳了这个建议，于是在公元前213年下令焚书。除一部分农、卜筮（**古代用蓍草占卦，叫**

益）、医药等书未烧外，很多重要的文献古籍，都在这次焚书令下被烧毁。焚书的次年，秦始皇又下令把四百六十个儒生在咸阳活埋，罪名是"为妖言以乱黔首（老百姓）"。所谓"妖言"，指的是这些儒生对新政的指责和对秦始皇的诽谤。

"焚书坑儒"，对于维护新的中央集权的政治制度和压制落后反动的思想言论来说，有一定的作用，但是，"焚书"对古代文化是一种很大的摧残，"坑儒"影响了人民对政府的正确批评，这也是无可讳言的事实。

不过，总体来讲，秦始皇所做的上述事业，都有利于统一国家的形成，因此，他成为历史上一个杰出的皇帝。

（王克骏）

35

灵渠

公元前 214 年，秦始皇命令天才水利工程师史禄负责领导人民开通灵渠。

灵渠在今广西兴安县城附近，是沟通湘江与漓江的一条人工运河。原来，湘江和漓江都发源于广西。湘江从临桂海阳山向东北流，经过湖南省，注入洞庭湖，流进长江；漓江从兴安唐公背岭向东北流，后转向西南，注入桂江，加入珠江流域系统。湘江和漓江虽然流向不同，可是它们上游的距离却很近。灵渠就是选择在它们相距极近的适当地点开凿的。全部工程大概是这样：

先在今兴安县城东北不远处的分水塘村，开凿两条人工渠道，一条北渠，一条南渠。然后在湘江河道中填土叠石，砌成一座分水的石堤——"分水嘴"（因形状像铧，故古书上都称"铧嘴"或"铧堤"），将湘水分而为二：一部分水流进北渠，注入湘江；一部分水流进南渠，注入漓江。北渠长约两公里，南渠长约三十三公里；渠身翻山越岭，工程异常艰巨。南渠亦称灵渠（因漓水又叫灵河，故渠由此得名），又称兴安运河。灵渠流过的地方，都是高地，为了便于船只航行，在渠中设立了很多"斗门"（早期的船闸）。平时，用闸将渠水分段蓄积起来，像楼梯一样分成一级一级的。每当船只由湘江上溯，来到这里的时候，先闭后闸，再启前闸，使水流平，船只便上进一级，这样，船只级级上进，便可安然翻过高地。反之，船只若由漓水经灵渠驶入湘江，由高处往低处走，那么，就按照相反的道理，先启前闸，使水流平，再闭后闸，然后再前进。

灵渠扩大了我国古代内河航运的范围。自从灵渠修成后，湘、漓两江达成一气，长江流域和珠江流域两水系发生了密切关系；我国南北的交通又开辟了一条新的途径，除陆路外，又增添了水路。

（谢承仁）

36

孟姜女哭长城

匈奴是秦朝北方的劲敌。

战国时，秦、赵、燕三国都与匈奴为邻，它们都在与匈奴接壤的边界上修筑了长城，并且还派重兵把守，以防御匈奴。公元前215年，秦始皇派大将蒙恬率领大军三十万人，北击匈奴，收复了过去被匈奴强占的河南地方（今内蒙古自治区黄河以南的河套地区）。

为了进一步巩固边防，蒙恬奉命把旧日秦、赵、燕三国的长城连接起来，加以修整，筑成了一道西起陇西郡的临洮（今甘肃省岷县境）、东至辽东郡内（今辽宁省辽阳市北），长达五千余里的古代世界最伟大的工程——万里长城。此后，历经两汉、北魏、北齐、北周以至隋，各朝都对长城有所修缮。特别是明代，几乎对长城加以全部整修。今天我们所见到的长城，西起嘉峪关（在今甘肃省），东到山海关（在今河北省），像一条长龙似的蜿蜒起伏于崇山峻岭中。这条气势雄浑、壮丽、令人叹服的长城，主要是明朝人遗留下的成绩。

秦始皇派兵北击匈奴，并令蒙恬率众修筑长城，这对防守秦朝的北疆和保卫黄河流域一带人民的生活与生产，是有着极大意义的。但是，秦刚灭六国不久，人心未定，创伤未复，如此过早、过急、过猛地动员大量的人力和物力，来修筑这样规模巨大的工程，毫无疑问，是会给人民增加负担的。加之秦始皇在位期间，短短十几年，一方面做了很多有利于国家统一的好事情，另一方面也做了不少劳民伤财的坏事情。他听信方士们的胡言妄语，迷信神仙长生不死之说，屡次派人远航海外，访仙求药，浪费了大量金钱。为了显示威风，他不断巡游各地，到处登山刻石，炫耀功德。他足迹所至，东北到过今天的河北省昌黎县，东南到过今天的浙江省绍兴市，南边到过今天的湖南省宁远县。有一次，他想南巡到衡山，舟行至湘山（在今湖南省湘阴县北），遇到大风，不禁大怒，命三千刑徒将山上的树木完全砍光，向湘神表示皇帝的威力。他滥用民力，强迫人民给自己修筑生前居住的宫殿和死后安眠的坟墓。著名的阿房宫和骊山陵，工程之大，空前未有。单是这两项工程就征调了七十多万人。据说，阿房宫前殿，东西五百步，南北五十丈，庭中可以坐一万人，殿中可以竖立五丈高的大旗；宫前有十二个铜人，各重二十四万斤。骊山陵高五十余丈，周围五里余；墓中有宫殿和百官位次，内藏珠玉珍宝无数，还用水银造成江河大海，象征山川形势。

苛重的赋税与劳役，把人民推向了痛苦的深渊。在秦始皇的统治下，人民表面上暂时不敢说话，实际上内心里却充满了反抗的怒火。孟姜女哭长城的神话故事，就是反映了人民这样一种心理。

一对新婚的夫妇，男的名叫范喜良，女的名叫孟姜女，正在欢度婚后的蜜月，忽然男的要被征发到北方去修筑长城，命令下来，丈夫不得不走。范喜良和孟姜女各怀着生离死别的悲哀，被强逼着分开了。

岁月一天一天地消逝，范喜良一去杳

▲ 孟姜女送寒衣

无音讯。孟姜女日夜想念着丈夫。她满怀着与丈夫相会的心情和希望，跋涉千山万水，来到了长城边，想探访自己丈夫的下落。

可是，她的希望破灭了，范喜良早已在沉重的苦役下死去。孟姜女看到了长城，没有看到丈夫，她的心碎了。她放声痛哭，哭声震动了天地。她悲愤的眼泪飞溅到城墙上，把长城冲塌了一道四十里长的缺口。

孟姜女哭倒长城的故事，起源于何时，现已不可知。根据南宋人周蝉所著的《北辕录》记载，远在南宋时，人们便给孟姜女这位传说中的人物修了庙，塑了像，把她当作神灵来供奉。这说明，孟姜女的遭遇，得到了广大人民的同情；孟姜女哭倒长城的传说，表明了暴力压迫下的千千万万人民的积愤及其所显示的力量。

后来，秦朝的统治就在各地愤怒人民的起义声中坍垮下去了。

（谢承仁）

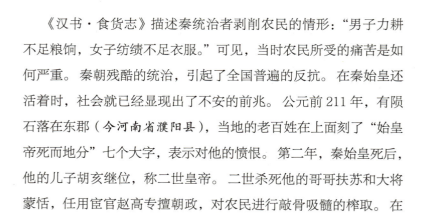

陈胜 吴广

《汉书·食货志》描述秦统治者剥削农民的情形："男子力耕不足粮饷，女子纺绩不足衣服。"可见，当时农民所受的痛苦是如何严重。秦朝残酷的统治，引起了全国普遍的反抗。在秦始皇还活着时，社会就已经显现出了不安的前兆。公元前211年，有陨石落在东郡（今河南省濮阳县），当地的老百姓在上面刻了"始皇帝死而地分"七个大字，表示对他的愤恨。第二年，秦始皇死后，他的儿子胡亥继位，称二世皇帝。二世杀死他的哥哥扶苏和大将蒙恬，任用宦官赵高专擅朝政，对农民进行敲骨吸髓的榨取。在这种情况下，广大的农民忍无可忍了，终于，中国历史上第一次农民大起义爆发了。

公元前209年的秋天，蕲县（今安徽省宿州市）大泽乡一带，淫雨连绵。一队九百个面色愁苦愤怒的人们，在大雨滂沱的泥泞路上行进。他们是被征调到渔阳（今北京市密云区）去戍边的农

▲ 法国·禄是遒《中国民间崇拜》（蒙恬将军像）

民。大雨把他们阻隔在这里，耽误了他们到达渔阳的限期。按照秦朝的法律，误了期是要判死罪的。死亡威胁着这一群人，那么他们怎么办呢？其中有两个屯长（带队的），一个是雇农出身的阳城（今河南省登封市，一说今安徽省宿州市境）

人陈胜（又叫陈涉），另一个是贫苦农民出身的阳夏（今河南省太康县）人吴广，他俩计议道：现在就是赶到防地，也是被杀，与其被杀，不如死中求活，反抗秦朝，做一番大事业；天下人久已痛恨秦的暴虐，如果起来反抗，响应的人一定很多。两人商量后，决定起义。他们先把督率他们前往渔阳戍守的将尉（率领戍卒的官）杀死，然后用话激被征的戍卒，说："大家遇雨，已过限期，过期当斩，纵然不斩，到达戍地，十之六七也是死。大丈夫不死便罢，死应死得值得。王侯将相，难道是天生的？"这番话，博得了九百戍防失期的农民的一致拥护，大家立即推举陈胜为将军，吴广为都尉，正式宣布起义。

九百人起义以后，首先攻下了大泽乡，接着攻下了蕲县，在一个月之内，次第攻占了许多地方。各地农民闻信后，拿起农具、竹竿、木棒，踊跃参加起义军。当起义军进入陈（今河南省淮阳区）地时，已经有六七百乘车，一千多骑兵和好几万步兵了。起义军攻下陈地后，为了加强号召，大家拥立陈胜为王，国号"张楚"，建立起了起义军的政府。"张楚"是张大楚国的意思。因为陈胜等起义的地区在原来楚国的境内，而战国时楚国又是仅次于秦的强国，有很大的潜在势力，所以用"张楚"为号，以便加强反秦的号召力量。这时，反秦的浪潮已经席卷全国，各地人民纷纷揭竿而起，杀死当地秦朝官吏，响应陈胜，公认他是起义军的首领。甚而旧六国的贵族也趁机而起，反抗秦朝。

陈胜以陈地为中心，向四方发展，并派周文（又名周章）率主力军往西直攻秦朝的都城咸阳。周文的军队声势浩大，沿途有很多农民参加，等攻到函谷关的时候，已经有车一千乘，战士数十万了。起义军入关之后，一直打到离咸阳不到一百里的戏（今陕西省临潼区境内）地。秦二世惶骇万分，赶忙征发所有修筑骊山陵墓的徒役，武装起来，命大将章邯率领，前来迎战。周文的起义军虽然人数很多，但因是短时期内发展起来的，既缺少作战经验，也缺乏战斗训练，所以被秦军打败，退出函谷关。章邯追击起义军，周文沿途抵抗，接连战败，队伍损失过重，不能作战，周文自杀。

章邯继续东进，各路起义军多遭失败，吴广被部下杀死。章邯进攻陈地，陈胜兵少不敌，向东南退却，途中被叛徒——车夫庄贾所杀。

陈胜、吴广领导的大泽乡起义，从开始到失败，虽只短短六个月，但是由他们所引发起来的反秦风暴，却愈来愈猛烈。最后，秦朝的统治，终于被农民军推翻。

（谢承仁）

38

约法三章 鸿门宴

陈胜、吴广起义失败后，在许多起义军中，以项羽和刘邦领导的两支起义军，成就最大。

刘邦，沛（今江苏省沛县）地人，农民家庭出身。他的哥哥是种地的能手，他的妻子也曾参加田间劳作。他在秦朝当过亭长（秦于郊野设亭，十里一亭，亭有亭长）。有一

▲ 汉高祖刘邦像

次，他负责押解一批人到骊山去服徭役（古时统治者强制人民给他服的劳役），半路上跑掉了很多，他知道自己反正交不了差，便索性把其余的人都放掉。其中有十几个壮士愿意跟随他，和他一

▲ 芒砀山刘邦斩蛇

起逃。他们怕人追赶，不敢走大路，打算趁天黑抄小道逃走。不料走到一处水边，忽然遇到一条大蛇拦在路上，走在前面的人都吓得退了回来，不敢过去。这时刘邦正喝了酒，醉沉沉的，一点也不害怕。他拔出剑说："大丈夫，怕什么！"说时挥剑将蛇斩成两段。众人都佩服他勇敢，他自己也为此感到骄傲。

陈胜、吴广起义的消息传到沛县，刘邦认为时机已到，立即聚众响应。他在萧何、曹参、樊哙等人的支持下，占领了沛县，被推立为沛公，手下很快就有了三千人。项羽的叔叔项梁起兵后，刘邦率众投奔项梁，势力逐渐强大。陈胜死后，项梁接受谋士范增的建议，拥立旧楚怀王名叫心的孙子做楚王（仍称楚怀王）。不久，项梁和秦军作战，战败牺牲。

公元前207年，秦将章邯围攻在反秦斗争中建立起来的赵国，赵国危在旦夕。楚怀王派宋义、项羽等领兵救赵，派刘邦西向攻秦，并且和诸将相约：谁先灭秦，谁就做关中王。关中系指函谷关（在今河南省西部）以西，散关（在今陕西省西部）以东，二关之中一带地区。

当项羽军在今河北平乡一带牵制住秦军主力并和秦军主力展开

决战时，刘邦却趁此机会，在几乎没有遇到多大抵抗的情况下，很快地便打到了咸阳附近的霸上。

而这时，秦政府内部已经极度混乱。权臣赵高逼死秦二世，另立子婴为秦王，子婴又把赵高杀死。刘邦的军队打来，秦王子婴无力抗拒，只好捧着秦

▲ 项羽像

始皇传下的玉玺、兵符到刘邦军前投降。到此为止，秦朝的统治便正式被推翻了。

刘邦进入咸阳，接受了张良等人的劝告，将秦宫中的财物珍宝封存不动，然后还军霸上，向关中人民约法三章：犯杀人罪处死刑，伤人及盗贼按轻重治罪。并且宣布废除秦朝的苛法，安定社会秩序，受到了关中人民的热烈欢迎。"约法三章"的成语，就是这样来的。

项羽在消灭秦军主力后，这才引军西进，他在途中听说刘邦已经先破咸阳，不禁大怒。他带领四十万大军攻破函谷关，打进关中，把军队驻扎在鸿门，离刘邦军队的驻地霸上有四十里。刘邦的军队只有十万人，和项羽相比，两军势力相差悬殊。范增劝项羽不要错过机会，加紧进攻刘邦。而项羽的叔父项伯，因和刘邦的部下张良相好，怕战争发生后，张良遭到危险，连夜把这机密透露给张良，建议他赶快离开那里。张良又把这个消息告诉刘邦。

刘邦惊恐，求项伯在项羽面前替自己疏解，说明自己先入关中毫无野心，请项羽千万不要多心。

第二天，刘邦亲自带着一百余骑人马到鸿门来拜谒项羽，向项羽解释。项羽在鸿门军帐中设宴招待刘邦。酒席间，范增屡次给项羽暗示，要他将刘邦杀掉，项羽只装没有看见。范增着急，借故退席出外，把项羽的叔伯弟弟项庄找来，要他进去舞剑，顺手将刘邦杀死。项庄答应，进帐敬酒，敬完酒，说："军中酒宴没有音乐，让我来舞剑助兴。"项羽点头同意，说道："可以。"于是项庄拔剑起舞。项伯看出项庄不怀好意，也拔出剑来和项庄对舞，常用自己的身子遮护刘邦，使项庄不能下手。张良眼见事情危急，忙出帐来找樊哙。樊哙满脸怒气，手执宝剑盾牌，冲进帐中。项羽大吃一惊，问是什么人，张良回答说："这是沛公带的人，名叫樊哙。"项羽赐樊哙喝酒吃肉。樊哙把盾牌覆在地上，一面喝酒一面用剑在盾上切肉大嚼，意气豪壮，旁若无人。

刘邦见势不妙，借口小便，招樊哙出帐，然后和樊哙等数人偷偷从小路逃回霸上。临走时，他让张良献给项羽白璧一双，送给范增玉斗一双，作为谢礼。范增见

▲ 法国·禄是道《中国民间崇拜》（樊哙像）

刘邦逃走，十分气恼，他把玉斗放在地上，拔出剑来狠狠砍成碎片，然后愤愤地对项羽说："你真成不了大事！将来和你争夺天下的，不是别人，就是沛公。从此以后我们都要做他的俘虏了。"这就是"鸿门宴"的来历。

鸿门宴后，项羽引兵入咸阳，杀秦降王子婴，放火烧毁秦宫室，大火三月不熄。关中人大为失望。

这期间，项羽的势力最为强大。在他的强力支配下，他分封了十八个王，自立为西楚霸王。刘邦没有做成关中王，被封为汉王，都城在南郑（今陕西省南郑区），虽然心中很不满意，但由于力量敌不过项羽，也只好忍气吞声，暂时屈服。

（谢承仁）

39

破釜沉舟　四面楚歌

"破釜沉舟"和"四面楚歌"这两个典故，说的是项羽率楚兵救赵，大破秦军主力，和后来与刘邦作战，被围垓下，兵败自杀的故事。

项羽是旧楚国大将项燕之孙，勇武威猛，青年有大志。秦朝末年，他跟随叔叔项梁杀死秦朝的会稽郡守，举兵反秦，响应陈胜、吴广。

项梁最初有精兵八千人，分兵略地，屡次打败秦军，势力日益壮大，产生了骄傲心理。

公元前208年秋天，秦将章邯在定陶（今山东省菏泽市定陶区）大破项梁军，项梁战死。随后，章邯率军渡河，向北攻打赵国，包围巨鹿（今河北省巨鹿县）。公元前207年，楚怀王命宋义为上将军，项羽为次将，引兵救赵。宋义行军至中途，逗留四十多天不肯前进。当时天寒，兵士无衣无食，而宋义却天天饮酒高会。项羽一怒，把宋义杀掉。楚王命项羽为将，带着军队继续前进。楚军渡河，项羽下令把全军的饭锅统统砸破，把所有的渡船一律凿沉，把全部的营帐完全烧毁，士兵们每人只带三天的干粮，准备和秦军决死战斗，不得胜利，绝不生还。楚军这种抱着战死决心以求胜利的精神，是十分感动人的。所以，后世人便把不顾一切，决心做成一事的行为，比喻为"破釜沉舟"。

这时，救赵的军队，除项羽率领的楚军外，还有十多支，但是都害怕秦军，各筑堡垒自守，谁也不敢出去交锋。项羽军开到，与秦军大战；楚军个个奋勇，以一当十，九战九捷。各国诸侯将领站在壁上观战，看见楚兵勇猛冲杀的情景，都呆了。

楚军大破秦军，项羽召见各国诸侯将领，各诸侯将领进入楚军辕门，慑于项羽威风，都跪着爬行向前，不敢仰视。从此，各国军队都隶属他麾下，他成了"诸侯上将军"。

后来，章邯势穷，投降项羽。项羽把二十多万投降的秦国兵士全部坑杀，把秦军的主力全部消灭了。

项羽率军入关中，进入咸阳后，屠杀人民，引起了人民的普遍怨恨。他还大封诸侯王，这是违反当时人民渴望统一的愿望的。他在分封时，封什么人为王，封做什么王（做拥有多大势力的王），只根据自己的好恶随意决定。许多得封的和不得封的将领，都不满意项羽这种措施，他们纷纷起兵反抗，和项羽展开了激烈的争夺政权的斗争。

刘邦趁此机会夺取民心，养精蓄锐，逐渐统一了关中，然后以关中为根据地，东向联合各诸侯，进一步同项羽争天下。

从公元前206年到公元前202年，楚汉相争持续了五年。五年间，楚汉大战七十次，小战四十次，刘邦屡战屡败，身受重伤十二次。项羽在军事上虽然节节胜利，可是在政治上却遭到很大失败。他要把历史拉回到割据分裂的状态，因此得不到人民的支持和援助。这是他走向失败的主要原因。他残暴好杀，人民都很怕他，对他表示厌弃。他不如刘邦会用人，而且刚愎自用，有一范增而不信任，这就更促使他走向失败。

公元前202年，项羽全军被刘邦包围在垓下（**在今安徽省灵璧县境内**）。为了瓦解楚军斗志，刘邦命令士兵四面唱起楚歌。楚军听了，人人思乡厌战，军心大为动摇。项羽听到歌声，以为汉军已经得楚地，万分惊疑。这天深夜，项羽置酒帐中，痛饮解愁。

他心绪十分烦乱，想来想去，除了突围，毫无办法。他决定突围而走。突围的前一刻，他对着自己宠爱的美人虞姬和常骑的骏马乌骓，唱出了一首慷慨悲壮的歌，歌道：

力拔山兮气盖世，
时不利兮骓不逝。
骓不逝兮可奈何，
虞兮虞兮奈若何！

歌毕，挥泪上马，带着众人舍命冲杀。最后他虽然冲出了重围，并且杀死、杀伤汉军无数，逃到乌江边，然而终于还是在汉军的追击之下，走投无路，不得不自刎而死。

项羽的失败，给了后代极深刻的教训。后世把失道寡助的人的遭遇，比作"四面楚歌"。

（谢承仁）

汉初三杰

秦被推翻后所出现的楚汉相争局面，经过四五年的混战，到公元前202年告一段落。汉王刘邦取得了最后胜利，建立了一个在历史上比秦更加强大的国家，国号汉，建都长安（**今陕西省西安市西北**），习惯上称为西汉或前汉。刘邦做了这个朝代的开国皇帝，就是后世所称的汉高祖。

汉高祖刘邦有一次对人说："出谋划策，决胜千里，我不如张良；安抚百姓，筹集粮饷，我不如萧何；带着百万大军，攻必胜，战必取，我不

▲ 明·刘俊《汉殿论功图》

如韩信。这三个人，都是人杰啊！"

刘邦所赞扬的这三个人，就是历史上所称的"汉初三杰"。他们对于汉朝的建立都是有贡献的。

张良，字子房，先世为韩国人，出身于贵族家庭。他年轻时，韩国被秦国所灭，他

▲ 张良像

为了替韩国报仇，把家财散尽，结交了一个大力士。公元前218年，这位大力士拿着一柄一百二十斤重的大铁锤，在博浪沙（今河南省原阳县）地方行刺秦始皇，没有打中本人，只打中了副车。秦始皇大怒，下令到处搜索刺客，张良在此藏身不住，只好改名换姓，逃避他乡。传说在逃难期间，有一次，他在一条河边遇见一个老人故意把鞋掉到桥下去，老人冲着他很不客气地说："小孩儿，给我把鞋捡上来！"他一听心里直冒火，怎么这个人这么大模大样随便乱指使人？但是转而一想：他年纪大走不动，替他捡捡又何妨？于是便走到桥下替老人把鞋拾了起来。谁知老人这时又把脚一伸，说："给我穿上！"张良差一点气得要发作，不过他又转而一想：给老人做点事也没有什么不应该，何必计较老人的态度。于是他又恭恭敬敬地帮老人把鞋穿上。鞋穿好后，老人连"谢"字也没有说一个，扭转身就走了。张良看着老人慢慢走开，觉得这人十分奇怪。不料过了一会儿，老人忽然走转回来，笑着对张良说："很好，你这小孩儿可教！记住，五天后一早到这里来

会我。"过了五天，张良抱着好奇的心理真的起了个早，赶到桥边来会老人，没想到老人却比他早到。老人一见他晚来，就发怒道："与年老人约会，为什么迟到？去！再过五天后早点来！"又过了五天，这次张良一听鸡叫就起床，他自以为今天一定不会晚，谁知到桥边一看，老人比他到得更早。老人见了他，又非常生气地说："怎么又迟到？回去，再过五天后来！"再过了五天，张良不等半夜就到桥边去等着，这回总算没有迟到，过了一会儿老人才来。这次老人很高兴，点了点头说："应当这样。"说时便从袖中拿出一部兵书送给他，鼓励他好好学习。从此，张良便用功学习兵法。后来刘邦起兵，他便参加了起义军，做了刘邦的谋士。他辅佐刘邦入关灭秦，立有很大功劳。楚汉战争时，他建议不立六国后代，免得天下又恢复到战国时期那种分割的局面；同时，他还建议用利禄笼络韩信，联络英布、彭越，全力对付劲敌项羽。刘邦完全采纳了他的建议，因此加速了战争的胜利。汉朝建立后，他被封为留侯，受到了汉政府极大的优待。

萧何和刘邦是同乡，公元前209年，辅佐刘邦起兵，立有大功。当起义军打进咸阳时，别的将领多只注意金帛财物，而他却独具远见，把注意力放在秦政府的各种档案文献上，因而一到咸阳，

▲ 萧何像

便将秦丞相府、御史府的图书律令全部接收过来。由于汉军掌握了这一份重要的资料，所以刘邦对于全国的山川险要、郡县户口以及社会情况的了解，比起其他起义军领袖来，要更加清楚、全面得多。这一点，对于汉的迅速统一，是起了一定作用的。萧何是一个善于知人的人。韩信的被重用，就是由于他的极力推荐。最初，韩信在刘邦军中因未被重视，开了小差，萧何听到消息后连忙放下工作，亲自去追赶。刘邦问他为什么别的人不追，单追韩信一个人。他回答说："韩信有大将之才，若要争天下，非重用韩信不可。"刘邦听了他的话，真的就拜韩信做了大将。后来，韩信在汉的开国事业中，果然立下了不世的功勋。在楚汉剧烈斗争的那些艰困年代里，萧何以丞相身份留守关中，转运粮饷，补充兵源，使得刘邦虽然屡屡战败而仍有余力来对付项羽，终至取得最后的胜利。汉统一天下后，刘邦感念他的功绩，封他为酇侯。汉初采取"与民休息"的政策，他在当中起了很大的作用。他死后，曹参继他为丞相，基本上仍按照他生前所定的一些规章制度办事，继续执行"休养生息"的政策。所以历史上常把他们两人相提并论，称之为"萧规曹随"。

韩信，淮阴（今江苏省淮阴区）人，出身贫苦家庭，起初在项羽部下，后归刘邦，被任为

▲ 韩信像

大将。在汉统一战争中，他表现出了极其杰出的军事才能。比如，他曾以数万之众，以少胜多，大败赵军二十万，就是一个突出的例子。在这次战争刚开始时，他一方面调遣轻骑兵两千人，每人持一面红旗，从小道出发，到赵军大营附近埋伏，并吩咐他们趁赵军出营追击汉军的机会，进入赵营，将赵军的旗帜完全拔掉，换上汉军的红旗；另一方面，他把自己的营盘故意扎在背靠着河流的地方，这从表面上看是违反兵法的。敌军看见他背水为阵，都笑他不懂兵法。他自己的部下见他这般布置，也都感到十分纳闷。可是他本人却满怀着胜利的信心。临战前，他下令军中说："今日破赵以后再饱食。"诸将虽然口里都勉强答应"是"，其实心里一个个都在暗自嘀咕。等到战斗开始，两军接战，相互奋勇厮杀。汉军假装败退，将军旗战鼓抛弃满地。赵军出营追击，得意忘形，只顾争着捡拾地上的战利品。汉军退到河边，无路可退，反身再战，勇猛无比。赵军不能取胜，打算收兵回营。不料这时预先埋伏在赵营周围的两千骑兵，已经建立了战功，把赵军的旗帜完全换成了汉军的旗帜。赵军看见到处汉旗飘扬，不禁大惊，以为汉已破赵，于是抛甲弃戈，纷纷遁走。汉军四面夹击，大破赵军，阵斩赵军主将陈余，取得了辉煌的胜利。战争结束后，韩信的部下问他："为什么不依兵法，背水为阵反而取得胜利，这是什么道理？"他回答说："我这种做法，并没有违反兵法，只是诸君没有仔细考察兵书罢了。兵书上不是说过'陷之死地而后生，置之亡地而后存'这样的话吗？我之所以要背水为阵，就是根据这个意思。我知道，我在军中时间不长，还没有真正建立起威信，一旦军士们面临着生死关头时，是很难听我的命令的，我若不把他们置之死地，使人自为战，哪能死中求生；相反，若把他们置之生地，有路可逃，一到战争激烈时，他们会一个一个地逃走，哪里还会有今天这个胜利？"诸将听了都认为他说得很有道理，都非常佩服他的军事才能。从此，大家才知道，原来韩信是一个很会灵活运用兵法的人。韩信为汉的开国立下了不朽之功，汉朝建立后，他被封为楚王，后被降为淮阴侯。公元前196年，他被刘邦的妻子吕后所杀。

（易惠中）

汉武帝

汉朝初年，统治者接受秦亡的教训，对农民采取让步政策，减轻剥削，奖励农耕，给了人民暂时喘息的机会。经过汉初六十多年休养生息的时间，自秦末以来遭受严重破坏的社会生产，终于在全国人民的辛勤劳动下，得到了恢复和发展，并且逐渐超过了战国时期的经济繁荣。相传文帝、景帝时，国家财货充积，人民安居乐业，社会出现了富庶景象，所以历史上称之为"文景之治"。特别是景帝时，削平了以吴王刘濞（bì）为首的吴、楚等七国贵族的叛乱，进一步加强

▲ 汉景帝刘启像

和巩固了中央集权的统治，为汉朝的兴隆与统一奠定了可靠的基础。汉武帝凭借着这样的物质基础，做出了许多轰轰烈烈的事业。

汉武帝刘彻，是汉朝开国后六十七年登上帝位的皇帝。他十六岁登基，一共统治了五十四年（公元前140—前87）。

"罢黜百家，尊崇儒术"，是他接受大儒董仲舒的建议后

▲ 汉武帝刘彻像

所采取的一项从思想上巩固中央集权政治的重要措施。董仲舒把孔子的学说，说成维护封建统治的唯一准则，把其他各家学说斥为"邪辟之说"。他认为，只有"邪辟之说灭息，然后统纪（社会秩序）可一，而法度可明，民知所以"。因此，他建议废除其他各家学说。同时，他还建议设立太学，专门用来培养为地主阶级服务的儒生。汉武帝采纳了这些主张。从此以后，儒家学说便处于优越的地位，逐渐发展成为两千多年来封建社会的正统思想。

颁"推恩之令"，是汉武帝接受主父偃的建议后所采取的一项从实际行动上加强中央统治权力的重要措施。吴、楚七国之乱被平定后，汉景帝虽然剥夺了诸王的政治权力，初步树立了中央集权的统治，但是诸王的领地还是很大，经济力量还是很强，还随时有和中央政权对抗的可能。主父偃认为，如果诸侯过于强大，就会恃强，就会联合起来反抗中央政权。所以他主张实行"推恩"分

封的办法，分封诸王的子弟为侯，以分散王国的领土，使大国变为小国，强国变为弱国。这样，他们就再也无力反对中央了。汉武帝实行了这个建议，果然收到了预期的效果。

汉是一个大国，需要有一个强有力的中央政府，才能维持这个大国的强盛和统一。而这样一个强盛统一的大国，对于发展全国的经济和文化来说，具有极其重要的意义。

汉武帝时，国家富裕，国防力量加强，有了力量来对付匈奴的侵扰。从公元前129年到公元前119年，汉与匈奴之间较大的战争有十余次，汉军屡败匈奴兵，夺回了被匈奴侵占的河套等地区，基本上解除了秦汉以来的匈奴威胁。

另外，汉武帝还派张骞出使西域，先后派唐蒙、司马相如等经营今四川、云南、贵州一带地区。这一切，在客观上都取得了积极的效果。汉与西域各国的交通打开，西南大部分地区的各族人民与汉族人民的关系逐渐密切。

强盛统一的汉朝，为统一多民族国家的形成，提供了十分有利和有力的保障。

汉武帝在位期间，在他的指示和领导下，汉政府发动民力，在全国广大地区兴修水利，推广较进步的农具与农业生产技术，对于促进当时农业的发展起了很大的作用。

仅以关中地区为例，重要的水利工程就有六辅渠（当地人称为"六渠"或"辅渠"）、灵轵（zhǐ）渠、成国渠、沣（wéi）渠、白渠。拿白渠来说，这条渠连接了泾水和渭水，全长二百里，可以灌田四千五百顷（合今二十三万多亩），与郑国渠同样著名。黄河自古以来是一条经常泛滥的河流，汉文帝十二年（公元前168）和汉武帝元光三年（公元前132），曾在今河南与山东一带地方两次决口，造成极大损失。两次虽然都勉强把决口堵住，然而始终未能彻底解决问题，黄河下游地方仍旧时常被淹。元封二年（公元前109），汉武帝征发数万人修筑瓠子堤（今河南省濮阳市），并且亲自到河上视察。此后不久，又从馆陶（今河北省馆陶县）开凿了一条与黄河宽深相等的屯氏河，引水流入海中。经过这两次的努力修治，黄河的灾患大为减轻；在此后六七十年间，黄河的下游基本上没有再遭受大的水灾。除重视水利建设外，汉武帝晚年又大力提倡使用新农具，推行新的耕作方法。比如，下令给大农（官名），要他选取有技巧的工匠制造新农具；又令全国郡守派遣所属县令和三老、力田（小官名）及乡里老农到京师学习新农具的使用方法及代田耕种养苗方法，就是比较突出的例子。

由于国家的统一、经济的发展，武帝时，文化也很昌盛。政治、经济、历史、文学、天文、农业、音乐、艺术等，各方面都人才辈出。

（王克骏）

司马迁 《史记》

司马迁，字子长，夏阳（今陕西省韩城市）人，生于公元前 145 年，即汉景帝中元五年；卒年大约在公元前 87 年，即汉武帝后元二年。他的一生，大部分时间是活在汉武帝时代。他的父亲司马谈是汉朝的太史令（管历史和天文的官），又是当时卓越的思想家。司马迁生长在这样的家庭里，所受的影响自然不小。他从小就阅读了很多书籍，又跟随有名学者学习，学问大有进步；他二十岁左右时，开始漫游全国，考察史迹，探访传闻，了解人民的生活和各地的风物。他登上

▲ 司马迁像

万里长城，体验到了先民的伟大和秦朝使用民力的残暴。他渡黄河、过长江、访问都江堰，考察了水利和民生的关系。他去过孔子的故乡，参观了孔子的庙堂和"车服礼器"等遗物。他到过今天的四川、云南一带，采访了当地少数民族的民情与习俗。后来，他做了太史令，又阅读和整理了官家收藏的各种图书资料。

公元前104年，他开始写《史记》（实际上整理史料的工作在公元前108年便已开始）。这年，他四十二岁，正是精力充沛的时候。

不料，在他进行著述的第七年，在评论一件事情的时候，触怒了汉武帝，得了欺骗皇上的罪名，被下到狱中受了"腐刑"（阉割）。这对他是极大的侮辱。他受到这样巨大的打击，非常痛苦，几乎痛不欲生。但是，他一想到自己所要完成的伟大著作时，就又坚持着活了下来。他发愤继续写他的《史记》。到了公元前93年，基本上完成了这一巨著的初稿。从这以后，直到他死，他还对他的著作做了不断的加工和修补。

《史记》原名《太史公书》，汉朝末年灵帝、献帝以后，大家才习惯地称呼其为《史记》。这是一部包括从黄帝起到汉武帝后期止，长达三千多年的纪传体历史书。全书分为"本纪""表""书""世家"和"列传"五个部分，共一百三十篇，五十二万六千五百字。

"本纪"十二篇，是以帝王世系为中心，按年月顺序，列举历代的人事，好像全书的总纲，使人读了能够了解每一朝代历史发展的重要线索。"表"十篇，分为"世表""年表""月表"（以"年表"为主）三种，是排列帝王、诸侯、将相的年代及爵位的。由于夏、商、周三代时期年次不明，故只能按世系列为"世表"；而秦楚之际，政治变化急剧复杂，"年表"不能解决问题，因此列为逐月记事的"月表"。"表"能更清楚地表明时间顺序，使读者一目了然。"书"八篇，总述了司马迁以前历代的天文、地理、文化、经济等方面的情况，价值很大；八"书"的内容虽然还不够完备，然而对我们了解这一时代社会的全貌，却有很大的帮助。"世家"三十篇，大体分为两类，一类是叙述诸侯国家兴亡的历史，另一类是叙述贵族和地位最高的大臣的事迹。不过其中有两篇例外：一篇是《孔子世家》，另一篇是《陈涉世家》。因为孔子在思想文化上有突出影响，而陈涉（陈胜）是掀起中国历史上第一次农民革命的农民领袖，所以这两人都列入了"世家"。"列传"七十篇，是全书里篇幅最多的部分，有政治、军事等各方面的重要人物传，有特殊事业传，有国内少数民族传，有属国传，有外国传等。

司马迁写出了古代帝王、将相、名医、侠客、大商人、优伶（戏曲演员）、刺客、占卜人的事迹和经济、文化等方面的情况。他的写作态度严谨，爱憎分明。他对被压迫者、被剥削者给予了同情。他热烈地歌颂了农民战争的领袖，把陈胜、吴广摆在和封建王侯同等重要的地位，专门给他们写了"世家"。他一方面肯定了汉高祖刘邦的才能和功绩，另一方面却又真实地描绘了这位皇帝的狡诈与无赖；他一方面称颂了汉武帝刘彻的丰功伟业，另一方面却又深刻地讽刺了这位天子迷信求仙的荒诞与无聊。他真诚地颂扬了那些不为私利、爱国爱民的忠臣与义士；另外，他也愤怒地谴责了那些用严刑峻法来残杀人民的刽子手。《史记》开创了用纪传体叙事的体裁，这种体裁一直为以后的史家所沿用。它的语言生动活泼，人物形象鲜明突出，具有强烈的艺术感染力，为以后的传记文学树立了典范。

　　司马迁无愧是我国古代最杰出的历史学家，《史记》无愧是我国古代最伟大的历史著作。

（王克骏）

43

赵过

我国是一个有悠久历史的国家，在农业上有很多生产经验和发明创造。赵过是古代在这方面有卓越贡献的人物之一。

汉武帝末年，汉武帝任命赵过为搜粟都尉，发展农业。赵过研究和总结了农民的生产经验，发明了"代田法"，创制了新农具，提高了农业的生产水平。

在这以前，耕作技术是比较落后的。农民们把土翻起后，就往下播种，也不分行列。这是一种原始的耕作方法，容易消耗地力。为了使地力恢复，今年耕种的土地，明年就得停止耕种，休耕一年。贫瘠的土地，甚至得连续休耕两年或三年。古时地长一百步、宽一步（一步六尺）为一亩。"代田法"是在这六尺宽的田亩中分为垄、圳（zhèn，田地中间的沟）相间的三垄三圳。垄和圳都宽一尺，圳低垄高，圳比垄深一尺。春天把种子播到圳里，长苗以后，除去垄边杂草，把翻松的泥土培盖在圳中的苗根上。

等到夏天，垄土已全平，而苗根埋土已深，可以增加耐风和抗旱的能力。下次耕种，再把原来的垄改为圳，原来的圳改为垄，这样每年圳垄互相更代，叫作"代田"。用"代田法"，不必把整块土地完全休耕。由于土地时常翻动，土质松软，对于庄稼的生长也有好处。用"代田法"耕种的田地，都是"用力少而得谷多"，一岁之收，每亩常过普通不用"代田法"的田一斛（hú，当时以十斗为一斛）到两斛以上。

赵过发明的新农具有耦犁和耧车。耦犁用两头牛拉两个犁，后面两人各扶一犁，前面一人牵引两牛，共用两牛三人。用这种耦犁犁田，每年可种田五顷。赵过还做了一种人力犁，无力养牛的农民，可以使用人力犁。使用人力犁，人力多的一天能耕三十亩，人力少的也能耕十三亩。耧车是一种把耕犁和播种器结合在一起的播种工具。耧车的构造是：犁上装一个耧斗，用以盛谷种，耧斗的两足外圆中空，直伸到地里。耕地时，一面破土，一面摇动耧斗，种子就由外圆中空的耧斗足播入土中。这比耕完地再播种快多了。用耧车播种，据说一天能播地一顷。

赵过改进农业生产技术和农具，扩大了耕地面积，增加了作物产量，在农业生产上给人民做出了巨大的贡献，他的功绩是值得纪念的。

（王克骏）

44

苏武牧羊

▲ 苏武像

　　汉朝时候，北方的匈奴常常侵扰边境。汉武帝时，击败了匈奴，北边才得到安定。公元前101年，匈奴且鞮（jū dī）侯单于新立，派使臣到汉朝修好，为了答礼，汉武帝派苏武出使匈奴。

　　苏武，字子卿，是一个廉洁正直、有胆量、有骨气的人。他奉武帝之命率领副使张胜、随员常惠等一百多人出塞到了匈奴。当他把出使的任务完成后，正待回国时，恰巧有汉降将卫律的部下虞常等，想趁单于出去打猎，劫单于的母亲归汉，并杀死卫律。虞常和张胜是老朋友，他们暗中商量，却不让苏武知道。后来虞常失败，单于派卫律审办这件案子。张胜怕受牵连，才把事情告诉苏武。苏武说："事已如此，一定要牵累我，我被侵辱，对不起国家。"遂拔刀自杀，由于常惠等救护，才没有死。不久，卫律奉单于之命来审问苏武。苏武说："我是汉朝的使者，如果受到审问，就是活着，还有什么脸回去！"用刀使劲自刺，鲜血直冲出来。卫律大惊，立刻飞马去找医生。医生来时，苏武已流血过多昏厥过去。医生救治了半天，苏武才转过气来。苏武这种忠于国家的精神，连单于也很钦佩。苏武的伤好了些，单于要逼他投降，通知他去观审虞常，并当场把虞常斩首。卫律举剑对张胜喝道："投降免死。"张胜跪地求降。卫律又对苏武说："副使有罪，你当连坐。"苏武说："我不知道他们的密谋，又不是亲属，说什么连坐！"卫律举剑砍来，苏武颜色如常，稳坐不动。卫律停住手，说："我投降匈奴，蒙单于大恩，封我做王，富贵已极。如今部下几万人，牛羊满山谷。你今天投降，明天就和我一样，不然，白白丧命，又有谁知道！"苏武毫不动摇，反而义正词严地把卫律大骂一顿。单于见他不投降，便把他关在一个大地窖里，不给他饮食。天下大雪，苏武困卧窖内，饥寒交迫，渴了饮雪水，饿了吞毡毛，一连好几天，差一点冻饿而死。单于见威胁、利诱都不成，便把他和常惠等分开，给了他一群公羊，送他到北海边去牧羊，并且说："等公羊生了小羊，你再回去！"北海一带，当时是无人烟的荒漠，每到冬天，这里白雪皑皑，四野冰封。苏武常处于绝粮的威胁中，没有办法，只好掘取野鼠洞里的草籽充饥。后来单于又派人来劝降，他仍是忠贞不屈。每天，他一面牧羊，一面抚弄着出使时朝廷给

▲ 清·黄慎《苏武牧羊图》

他的"汉节"（节是古代使者拿着作为凭证的东西），表示时刻不忘汉朝。时间长了，"汉节"上的毛都脱落了。就这样，他在这穷荒苦寒的地方，艰难地熬过了十九个年头。

武帝死后，昭帝继位，匈奴和汉朝和好，汉朝要求释放苏武等人，匈奴诈说苏武已死。后来汉使又到匈奴，常惠想法子夜见汉使，教他对单于说："汉天子在花园射雁，雁足上拴有帛书说苏武现在在北海某处。"汉使照常惠的说法质问单于，单于才允许苏武回汉朝。

昭帝始元六年（公元前81）春天，苏武、常惠等九人（一同出使的人很多，这时都已死去），回到了久别的首都长安。

苏武出使的时候，才四十岁左右，正当壮年，等到历尽艰苦回来时，已经是须发全白、六十多岁的老人了。

当时的人，都非常尊敬这位大节凛然、一片丹心的英雄；千古以来，他的事迹被传为佳话。

（王克骏）

45

昭君出塞

昭君，姓王名嫱，字昭君，是汉元帝的宫女。

她被选入宫时，由于拒绝贿赂奸臣毛延寿，毛延寿故意把她的画像涂改，使元帝见了，以为她生得丑陋，把她打入了冷宫。后来元帝发现上了奸臣的当，要捉拿毛延寿。毛延寿逃入外国，怂恿那个国家的君主兴兵犯境，指名要昭君和亲。昭君在一个萧瑟的秋天，怀着对故国的深沉依恋，骑着马，弹着琵琶，唱着哀怨悲愤的歌曲，出了边塞，迎着朔风，走进了那黄沙无边的草原⋯⋯

这样的王昭君，是诗歌、戏曲中的形象，历史的事实可不完全是这样。

西汉元帝时代，汉朝国力还很强大。公元前 33 年，匈奴呼韩邪单于表示，希望和汉联姻，永结亲好。元帝将后宫宫女王昭君嫁给呼韩邪单于为妻。昭君到匈奴后，和呼韩邪单于结婚，做了阏氏（yān zhī，即单于的妻子，相当于汉人的皇后），并生了一个儿子。后来，呼韩邪单于死，大阏氏生的儿子雕陶莫皋立为单于，按照匈奴的风俗，父死娶后母，所以昭君又做了后单于的阏氏，并生了两个女儿。长女云娘，在汉平帝时，曾来汉朝拜见太皇太后，太皇太后很高兴，赏赐了她很多东西。云娘和她的丈夫，主张和汉朝友好。后来呼

▲ 明·仇英《千秋绝艳图》（王昭君像）

韩邪单于的少子咸做了匈奴的单于，云娘常劝咸跟汉朝亲善。公元 14 年，云娘要求会见和亲侯王歙（xī）。王歙是昭君哥哥的儿子，云娘的姑表兄弟。这时，西汉刘氏皇朝早已被王莽废掉，建立起国号叫作"新"的王氏皇朝。王莽答应了云娘的请求，随即派王歙和他的弟弟王飒两人出使匈奴，带去好多礼物，以表示对咸立为单于的祝贺。

自从呼韩邪单于与汉结亲起，以后六十多年间，汉与匈奴没有战争，双方友好往来，和睦亲善，汉北部边境呈现了"边城晏

▲ 明·仇英《明妃出塞图》（明妃即昭君）

（晚）闭，牛马布野"的和平气象。昭君出塞的故事，成为汉与匈奴这两大民族和睦关系中的一段佳话。

昭君死后，匈奴人民为了表达对昭君的崇敬和爱戴之情，在大黑河畔（在今内蒙古自治区呼和浩特市南郊）特地为她修了一座独立苍穹、气象巍然的青冢，这就是传说中的昭君墓。

两千年来，昭君的美丽、善良、朴实、勤劳的形象，始终活在当地人民的心中。据内蒙古民间传说，昭君很爱护百姓，曾教给当地妇女纺纱、织布和做衣服的技术，并且传播了一些有关农业生产的知识……

（王克骏）

46

王莽

　　西汉后期，四川、河南、山东一带连续发生了以申屠圣、郑躬、樊并、苏令等为首的农民和铁官徒（工徒）起义，有的发展到一万多人，有的经历了十九个郡国。西汉皇朝的统治出现了严重的危机，连一部分统治阶级的人物也认为汉朝的命运已经快要完结了。王莽就是在这样的情况下，凭借外戚（*帝王的母族或妻族*）的地位，爬上了皇帝的宝座。

　　王莽的姑母王政君是汉成帝的生母。自成帝时起，王家有九个人封侯，连王莽在内共有五个人做过当时最高的军政长官——大司马。地方官也有很多是王家的党羽。成帝死后，哀帝继位。哀帝在位六年，重用别的外戚，王家不是很得意。公元前1年哀帝死，哀帝没有儿子，王政君就跟王莽合谋立成帝的弟弟中山孝王九岁的儿子做了皇帝，就是汉平帝。这时，王莽做大司马，取得了朝政的实权，还得到了"安汉公"的封号。王莽用大封官爵的办法取得了贵族、官僚们的拥护，又用小恩小惠，如出钱百万、献田三十顷分赈受灾的贫民等办法，并且笼络地主阶级知识分子。他这种假仁假义的做法，曾经在短时间内迷惑了一部分人。据说，前后曾有四十八万多吏民上书太皇太后，要求重赏王莽。平帝死后，王莽

▲ 王莽像

一方面挑了皇室一个两岁的幼儿来做傀儡皇帝，另一方面又利用迷信制造舆论，说武功地方掘井发现一块白石，上面有"告安汉公莽为皇帝"八个红字，要王政君下诏许他称"假皇帝"（假是代理的意思）。三年以后，即公元 8 年，王莽便正式做了皇帝，建立国号叫"新"。

王莽做皇帝后，为了巩固统治，打着复古的旗帜，进行变法。他下令：将全国土地改称"王田"，奴婢改称"私属"，都不准买卖。一家男子不满八个占田超过一井（九百亩）的，应将多余的田地分给本族或邻居的无田人。原来没有田的人，按男口每口给田一百亩。凡是指摘这套办法和散播反对言论的人，都被放逐到边远地区。

王莽又实行五均六筦（guǎn）。在长安城东西市设市令，在洛阳、邯郸、临淄、宛、成都五大城市设司市师，各郡县设司市，负责管理市场、物价、收税和对贫民赊贷，叫作"五均赊贷"。又实

行官卖盐、酒、铁器，由政府统一铸钱，收名山大泽的生产税，加上五均赊贷，叫作"六筦"。

王莽曾多次实行币制改革，如下令废除行用已久的汉五铢钱，造金、银、龟（龟甲）、贝（贝壳）、钱、布（铜制）六类共二十八种名目的货币。严禁私铸钱币，私铸者连邻近五家都算犯罪，人口罚为官奴婢。私用五铢钱的，有罪。

但是王莽要占有田地多的人分余田给贫农的命令在豪门地主的抵制下，一开始就无法实行。他企图停止田宅、奴隶的买卖，这在阶级社会也是行不通的幻想。执行五均六筦政策的各级官吏，本身都是大商人、地主，这些政策不但没有给人民带来好处，反而增加了人民的负担。例如，市场管理规定：市官根据物价行情，

▲ 五铢钱（钱上有"五铢"二篆字，重如其文）

定出本市每季货物的平价，五谷、布、帛等货源多时，政府按卖方成本收货；市价高过平价，政府将存货按平价卖出；市价低于平价，听人们自行交易。这从表面上看，似乎能起到平抑物价的作用，可是实际上不然。由于规定市场平价的大权都掌握在那些官僚、地主们之手，他们趁机收贱卖贵，从中取利，以致老百姓并不能得到真正的好处。工商业税按纯利额十分取一，这对大工商业不算重，然而对小工商业却很不轻，并且如捕鱼、捕鸟、养家畜、养蚕纺织、缝补都要收税，非常繁苛琐细，人民当然更受不了。官卖盐、酒、铁器，无异是一种对重要产品的垄断。币制改革更是赤裸裸的掠夺，因为这使很多持有五铢钱的小农和小生产者受到了严重损失，甚而破产。只有赊贷予民（百钱月收三钱）一事，倒是可以打击高利贷者，多少还对民有利，可是，假若过期还不出来，人民仍然要受贪暴官吏的迫害。

王莽的变法，在各方面的反对下，"王田""私属"制只实行了三年多，变法的主要部分就不得不宣告破产。五均六筦坚持得久一些，但最后也不得不下令废除。

在这期间，王莽不甘心变法的失败，还挑动对外战争来向国内人民示威。这便加速了绿林、赤眉农民大起义的爆发。公元23年，长安市民响应起义军，攻入宫中杀死王莽。

（陈继珉）

47

绿林 赤眉

王莽改制失败，人民生活更加痛苦。加以水灾、旱灾、蝗灾接二连三地出现，农民们实在活不下去，除了自己起来推翻暴政，再没有别的出路。

17年，湖北西部一带大旱，饥饿的农民们在新市（今湖北省京山市）人王匡、王凤的领导下发动起义。王匡、王凤起义后，闻风前来投奔的人很多，几个月光景，起义军就壮大到七八千人。他们驻扎在绿林山（今湖北省当阳市）上，人们把他们称为"绿林军"。21年，王莽的荆州牧（官名）率兵两万人前来攻打绿林军，结果被打得大败而逃。绿林军乘胜攻下了几个县城，把队伍扩充到了五万多人。

第二年春天，绿林山里发生了瘟疫，农民军病死的很多。他们决定分散活动，由王常、成丹领一支人马，攻占南郡，号称"下江兵"。由王匡、王凤领一支人马开往南阳，号称"新市兵"。不久，平林（今湖北省随州市东北）人陈牧、廖湛等人，也聚合一千多人起来响应，这支人马被叫作"平林兵"（后与新市兵合）。

18 年，琅琊（郡名，今山东省东南部）人樊崇在山东莒（jǔ）县起义，带领数百人占领了泰山。不到一年，他的部众就发展到一万多人。接着，逢（páng）安、谢禄等人都领起义队伍前来投奔。于是，他们以泰山为中心，在山东一带展开活动。22 年，王莽派太师王匡（与绿林军首领王匡同姓名）、更始将军廉丹率十万大军前来镇压。樊崇率领农民军迎战，为了在战斗中便于与敌军区别，大伙都把眉毛涂成红色，作为起义军的记号。从此，"赤眉军"的名号便传开了。在这次大战中，赤眉军个个奋勇当先，把官兵打得大败，王匡溜走，廉丹战死。赤眉军战胜后，人数大增，势力迅速发展到黄河中游一带。

正当农民起义军轰轰烈烈发展的时候，许多地主阶级分子也趁机而起，如南阳的汉朝皇族刘演、刘秀兄弟，便在此时混入了绿林军。

23 年，绿林军已发展到十多万人，各路联军共同推举汉朝皇族刘玄为帝，号称"更始皇帝"。农民军节节胜利，使王莽政权面临着崩溃的危机。王莽派遣王寻、王邑带着四十二万大军，围攻昆阳（今河南省叶县），准备与农民军决战。绿林军奋勇抵抗，大败王莽军，王寻战死，王邑逃走。昆阳大战后，绿林军便兵分两路进攻长安，终于推翻了王莽政权。

但是刘玄进入长安以后，就完全背叛了农民军。

赤眉军樊崇等人与刘玄分裂，继续组织力量进行斗争，短期内起义力量又发展到了三十万人。25 年，樊崇等立了一个十五岁

▲ 光武帝刘秀像

的放牛娃刘盆子为帝，接着再度攻入长安，迫使刘玄投降。但这时，关中豪强地主隐藏粮食，组织反动武装，进行顽抗。第二年，赤眉军由于粮草断绝，无法在长安坚持，只得回师东归。

刘玄以前在洛阳时，曾派刘秀到河北活动。刘秀势力逐渐壮大，25年公开背叛农民军，在河北称帝。赤眉军与刘玄在关中斗争时，刘秀趁机南下渡过黄河，占领了洛阳。当赤眉军东归的时候，刘秀预先在河南西部山区埋伏大军，偷袭赤眉军。赤眉军虽然拼全力抵御，无奈寡不敌众，加上长途跋涉，筋疲力尽，最后战败。

刘秀建立的政权，因都城在洛阳，故历史上称为东汉或后汉。刘秀就是后世所称的汉光武皇帝。

坚持了十年斗争的绿林、赤眉起义军的胜利果实虽然被刘秀所窃取，但西汉末年和王莽时代的暴君恶政毕竟被农民军推翻。刘秀建立的东汉政权震慑于农民军的威力，为了巩固统治，不得不吸取教训，采取一些减轻租赋徭役之类的措施。因此，东汉初年人民的生活相对地有了一定的改善，社会生产也有了一定的恢复和发展。

（黎虎）

48

党锢之祸

"党锢之祸"是东汉统治阶级内部的一次政治斗争。

东汉中期以后，外戚和宦官相继把持政权。从和帝开始到桓帝中期，是外戚把持政权的时期。后来桓帝联合宦官单超等诛灭外戚梁冀，政权又落在宦官手里。在桓帝、灵帝时期，宦官执政前后达三十年，他们独揽朝政，残虐百姓，横行地方，把东汉的政治推到了黑暗、腐败的顶点。官僚们痛恨宦官把持政权，影响了他们的权位；中小地主出身的知识分子也痛恨宦官，阻塞了他们做官的道路，尤其使他们恐惧的是，宦官残暴黑暗的统治会加深社会的动荡不安，这将会导致整个政权的覆亡，为了本身的利禄，也为了挽救阶级统治的危亡，他们要求在政治上进行改革，反对宦官的黑暗统治。世家豪族李膺、陈蕃等人和太学生（*太学是当时的最高学府*）郭泰、贾彪等人联合起来，向宦官集团展开猛烈的抨击。他们一方面品评人物，相互吹捧以增强声势；另一方面批评朝政，打击宦官及其亲属、宾客等为非作歹的行为，这样就自然引起了宦官们的仇视。宦官诬告他们结为朋党，并以"图谋不轨"的罪名将他们逮捕下狱，或禁锢终身不许做官，有的甚或处死。这就是历史上所说的"党锢之祸"。

东汉的"党锢之祸"共发生了两次。第一次是在桓帝延熹九年（166）。宦官党羽张成的儿子杀人，被司隶校尉（**官名，负责纠察京师百官及所辖附近各郡官吏**）李膺所捕杀。宦官们便诬告李膺等人交结太学生共为朋党，诽谤朝廷，败坏风俗。桓帝下令逮捕李膺、陈寔（shí，同"实"）等二百多人入狱。后李膺等人虽因尚书霍谞（xū）和外戚窦武的力争，被赦归乡里，但遭到禁锢终身不许做官的处罚。第二次"党锢"之争，发生在灵帝建宁二年（169）。宦官侯览依仗权势侵夺百姓田宅，强抢民女，为山阳督邮（**代表郡太守督察县、乡，宣达教令，兼管讼狱捕亡等事之官**）张俭上书告发，并就地将其资财没收。侯览大怒，指使党羽诬告张俭与同郡二十四人结为朋党，图谋不轨。朝廷大捕党人，连同过去的党人李膺、杜密、范滂等一并受到牵连。结果，一百多人死在狱中，被杀的、流徙的、囚禁的共达六七百人，凡是"党人"的门生、故吏、父子、兄弟以及五服以内的亲属，都被免官禁锢。这次党锢范围很广，时间也很长，直到中平元年（184）黄巾起义，灵帝怕他们与黄巾联合，才赦放党人，"党锢之祸"才宣告结束。

"党锢之祸"虽是东汉统治阶级内部的斗争，但在宦官黑暗、腐败的统治下，官僚和太学生能揭露、打击他们的罪恶和暴行。有些人，如范滂等，被逮捕后表现出与恶势力斗争的不屈精神，也给予人们鼓舞。不过，等到黄巾起义以后，在面对着对抗共同的敌人——起义的人民——这一前提下，统治阶级内部的矛盾便得到缓和，互相妥协了，有些党人便直接参加了镇压农民起义的罪恶活动，成为屠杀农民的刽子手。

东汉时期，政权为什么常把持在外戚和宦官手里呢？原来东汉的皇帝从和帝起，都是幼年继位，由母后临朝辅政，母后照例依靠自己的父兄——外戚，帮助处理政事。外戚既然控制着中央政府，便大批派遣自己的子弟、亲戚和宾客到各地做官，发展自己的政治势力。等到皇帝长大了，要亲自执政时，便与外戚的权力发生了冲突，这时，朝臣上下多是外戚的亲信或依附外戚的人，皇帝可以依靠的人便只有身旁的宦官。这些宦官在消灭外戚势力的过程中，立了功，控制了中央政府，也同样要派遣自己的亲戚和亲信到各地做官，来发展自己的政治势力。东汉的皇帝又大多短命而死，母后和外戚就利用这个机会，选立幼小的皇子继位，借此把政权掌握到自己手里。这样，斗争便反复地循环下去，形成了外戚和宦官相继把持政权的局面。

（李书兰）

49

佛教 道教

　　佛教传入中国的具体时间，到现在还有所争论。但可以肯定的是，一定是在汉武帝以后。一般认为约在西汉末期。关于周时或秦始皇时中国人就已经知道有佛教后代的记载，是不可靠的。

　　汉武帝时，汉朝的使者张骞到过大夏国（今阿富汗北部）。张骞在大夏时，曾听说大夏西南有个身毒（yuān dú，是当时中国人民对印度和巴基斯坦一带的称呼）国，并看到我国巴蜀地区出产的物品由身毒转销到大夏。当时，佛教已在身毒盛行，大夏和身毒国又是紧邻，张骞也就很有可能听说过佛教。只是《史记》《汉书》都没有记载而已。

　　到东汉初年，中国已经有人信仰佛教，而且已见诸正史记载。东汉第一个皇帝刘秀，他的儿子刘英，被封为楚王，都彭城（今江苏省徐州市）。楚王英就崇信佛教，他有供养"浮屠"（佛）的"仁祠"，而且还供养着"伊蒲塞"（佛教信徒）和"桑门"（沙门、

▲ 张骞出使西域（莫高窟壁画）

和尚）。

东汉以后，佛教就在中国传开。

道教创立于东汉中期。相传，顺帝时，琅琊人宫崇，曾把他的老师于吉传给他的所谓神书——《太平清领书》一百七十卷——献给皇帝。顺帝因为他的书"妖妄不经"，没有接受。

这部《太平清领书》就是道教最早的经典，于吉大约就是第一个集结道教经典，开始传布道教的人。

佛教是从外国传来的，道教是在中国本土土生土长的。作为宗教组织，道教虽然在东汉中期才创立，但它的教义却继承了先秦阴阳五行、巫觋（xí，指男巫）杂语、方术之士的一套理论。道教正是杂合这些东西，又模仿佛教的组织形式而创立起来的。

佛教、道教两种宗教在中国历史上都有很大的影响。佛教讲轮回，行善积来世；道教讲炼丹、修仙、长生不老。都是把解脱痛苦的希望寄托于来世天堂，主张脱离现实。这正符合统治者的利益，历代统治者都大力提倡佛教、道教，将之作为麻痹人民的工具。南北朝和隋唐是佛教鼎盛的时代。北朝时期，佛庙有两三万所，和尚多到两三百万。南朝梁武帝信佛，定佛教为国教。他本人曾三次舍身到佛庙去做寺奴。仅建康一地，就有佛庙五百多所，和尚十万多人。当时人说佛教僧众和佛庙里所占有的劳动力之多，使"天下户口，几亡其半"。佛庙都很富有，占有大量土地和金银财货，好多佛庙都放高利贷、开质店（当铺），与世俗地主豪强一样地盘剥人民。道教虽然没有佛教盛行，性质则是一样，有道观，有道士，也拥有土地、财产。

统治者利用宗教，人民也利用宗教。统治者为了提倡宗教，曾给佛教、道教一些特权，如和尚、道士可以免除租税徭役。因此，人民就借此逃到寺观做和尚、道士，以逃避租税。人民还利用宗教作为起义的组织工具，如东汉末年的黄巾起义，就是利用道教进行秘密组织活动的。南北朝以及后世，不少农民起义，也都是利用佛教、道教来组织活动的，北朝的大乘教起义、弥勒佛起义、元代的白莲教起义等，就是历史上著名的例子。

（何兹全）

50

《论衡》

　　《论衡》是东汉初年人王充写的一部杰出的哲学著作。

　　王充是我国古代伟大的思想家，毕生从事战斗的唯物主义者。他生活的东汉前期，"谶纬"非常流行。"谶"是预卜吉凶的宗教预言，"纬"则是用宗教预言的观点来解释儒家经典的书。谶纬的内容多是牵强附会的一些神学迷信，谶纬家专门宣传所谓"天人感应"一套学说，用天象来比附人事，好直接为统治者服务。这种妖妄的迷信图谶，西汉末年，已经在发展。到了东汉，统治者更是大加提倡，好借此来提高皇帝的权威。由是，谶纬之说一度成为两汉封建统治思想的政治工具。

　　所谓《论衡》，意思就是说，他阐述的道理都是很公平的。

　　《论衡》，总计八十五篇，共二十多万字。在这部书中，王充针对当时流行的官方思想，提出了许多精辟的见解。他首先否定了天的神秘性，认为世界万事万物都是自然存在的，并不是由于天意的创造。他指出天没有口目（感官），也就不可能有什么嗜欲感觉，更不可能会有什么意识活动，这样就把所谓天能安排世界上一切事物的迷信彻底揭穿。

在《论衡》里，王充根据当时科学认识的水平，对当时社会流行的神仙、鬼怪、迷信也进行了严厉的批判。王充说，人是物，即使贵为王侯，本性跟物也没有差异。既然物没有不死灭的，那么人怎么就能够成神、成仙长生不死呢？物死了不为鬼，人死了为什么会独能为鬼？人死了，精气消灭，血脉枯竭，形体腐朽，成为灰土，哪里来的鬼呢？他还拿睡着了的人作例，来驳斥那种"人死为鬼，有知，能害人"的谬说。他说：睡着了的人尽管躯体精神都在，但由于暂时没有知觉，自然也就不能害人。死人的精神、形体都灭亡了，又怎么能够为害于人呢？可见"人死不为鬼，无知，不能害人"，道理原是很明显的。像这种无鬼的理论和神灭的思想，能在当时那种迷信空气十分浓厚的情况下提出来，的确很了不起。

此外，在《论衡》里，有《书虚》《儒增》《问孔》《刺孟》等篇。《书虚》和《儒增》明白地指出，包括经、传、纬书在内的许多书籍，记载有很多地方不符事实。《问孔》篇认为孔子的话多前后矛盾。《刺孟》篇指责孟子的行为前后不同，始终不一，对于孟子所说的"五百年必有王者兴"的话，还特别依据古史加以驳斥。像这种对封建统治者捧为"圣贤"的孔孟的大胆怀疑与批判，在封建社会是很难得的，是需要极大勇气的。

总之，从王充的哲学观点到政治观点，都可以看出，他不愧是一个进步的思想家。当然也应该指出，限于当时的历史条件和自然科学水平，王充对事物的认识也还有其局限性。例如，雷电击毁人物，俗说是天神取龙。他固然一方面指出了俗说的虚妄，可是另一方面却对于龙的存在一点也不怀疑。对社会历史现象的认识，他认为，人事的贵贱福祸，国家的治乱安危，都受"时命"的支配，人力不能变动。显然，这种看法仍旧是一种落后的命定论观点。

王充出身"细族孤门"，是一个没有社会地位的平民。他青年时在洛阳太学读书，买不起书，只好常到书铺里去看。后来他虽然也做过几任小官，可是直到晚年，生活仍然十分贫困，但他始终"居贫苦而志不倦"。他花了三十多年的工夫，才完成《论衡》这部巨著。

（陈继珉）

班昭

　　班昭是我国古代第一位女历史学家。她是扶风安陵（今陕西省咸阳市）人，大约生于东汉光武帝建武年间至安帝永宁年间，活了七十余岁。

　　班昭在史学上的主要贡献，是整理并最后写成《汉书》。她的父亲班彪是当时很有名的学者，曾经发愿继续司马迁的《史记》，作《史记后传》六十五篇，写成西汉一代的历史（司马迁的《史记》只写到汉初），没有完成便死去了。她的哥哥班固继承父亲的事业，根据父亲所积累的材料，经过整理和补充，写成了一部上起汉高祖、下迄王莽共二百三十年的西汉历史，这就是我国第一部纪传体的断代史——《汉书》。但是，其中的"八表"和"天文志"还没有完成，班固也逝世了。班固死后，继续完成《汉书》的任务便落到班昭的肩上。

　　当时，《汉书》虽然已经初具规模，可是还有一些散乱的篇章。

汉和帝便命班昭到皇家藏书处"东观藏书阁"继续完成班固未竟的工作。她在这里进行了"八表"和"天文志"的写作，并整理校对了父兄的初稿，后来马续也协助班昭撰述"天文志"。《汉书》至此才算大功告成。

《汉书》初出时，一般人不易通晓，东汉政府便选拔马融等十人，在"东观藏书阁"中，跟从班昭学习《汉书》。汉和帝还命皇后和妃嫔们拜班昭为师，向她学习儒家经典，乃至天文算术。因此，大家都尊称她为"曹大家"。

班昭除了编撰《汉书》，还写了不少文章和辞赋，大都失传。现在传世的，尚有《女诫》七篇及《东征赋》等。

（黎虎）

52

张衡 张机

　　张衡是南阳郡西鄂县（今河南省南阳市城北）人，生于东汉章帝建初三年（78），卒于顺帝永和四年（139），是我国古代一位伟大的科学家。他好学深思，肯于刻苦钻研。他的好友崔瑗说他研究学问的态度就像大江里的水一样，日夜奔流，片刻不停。他有广博的学识和多方面的才能，对文学、哲学、地理、机械制造等都有研究，特别精通天文、历算。

　　我国很早就重视天文学的研究。东汉时期，天文学主要有"盖天说"和"浑天说"两派。盖天说认为天圆地方，天在上，像伞盖，地在下，像棋盘，是一种旧的传统说法。浑天说认为天地都是圆的，像一个鸡蛋，天在外，像鸡蛋壳，地在内，像鸡蛋黄。这种说法在当时比较进步。张衡经过精密的研究和对天象的实际观测，继承并发展了浑天学说，写成了他的重要的天文学理论著作——《灵宪》。在这部著作里，他指出日有光，月亮自身不会发光，月光是由日光照射而来的；月亮向着太阳时，我们在地球上就能看见圆圆的明月，背着太阳时则看不见。他还推测出月食是由于地体遮蔽的缘故。这些都是十分卓越的见解。他约计天空中的星体，常明的有 124 个，有定名的 320 个，连同所有可见的星体共有 2500 个，海外看见的星体没有计算在内。他绘制了一部星图叫《灵宪图》。据现在天文学家统计，肉眼能看见的六等星总数 6000 多颗，在同一地方同一时间所看到的星数，也不过 2500 颗到 3000 颗。

张衡发明了很多重要的天文仪器。他根据浑天学说的理论创制了浑天仪。浑天仪用铜铸成，内外分作几层圆圈，各层铜圈上分别刻着赤道、黄道、南北极、日、月、五星、二十八星宿及其他星体，用漏壶滴水的力量使它按着一定的时刻慢慢地转动，人们就可以从浑天仪上看到星体的出没，与实际天象十分符合。张衡这项发明，经过唐、宋科学家们的发展，就成为世界上最早的天文钟。张衡又创制了地动仪，这是世界上第一部测定地震的仪器。它也是用铜铸成，圆径八尺，顶上有凸起的盖子，像个大酒樽；内部有个铜柱，叫作“都柱”，连着八个方向的机械，外面有八个龙头，按东、南、西、北、东北、东南、西北、西南八个方向排列着。每个龙嘴里衔着一枚铜球，下面蹲着一个铜制蛤蟆，向上张着嘴巴。哪个方向发生地震，那个方向的龙嘴就吐出铜球，落在蛤蟆嘴里，发出清脆的声音，看守仪器的人就能知道地震的日期和方向，把它记录下来。这架仪器测定很准确，有一次，西方龙嘴里的铜球忽然落了下来，而洛阳的人并未感到地动，可是没过几天，甘肃来人报告，说那里发生了地震。这架精巧的仪器是 132

年发明的，比欧洲创造的地震仪要早一千七百多年。

张衡除精通天文外，对历算学也有很深的研究。他制造了一部类似活动日历的机器，叫作"瑞轮蓂（míng）荚"，用它可以表示出每月从月初到月终的日数，既能知道日期，又能知道月相，很是方便。在数学方面，他著有《算罔论》，对圆周率也有研究，可惜已失传，只能从后代数学著作中知其一二。在木制机械方面，他的制作有"三轮自转"和"木雕独飞"。其中，"三轮自转"是有关指南车和记里鼓车的主要机械；"木雕独飞"是一种利用机械发动能够飞翔的木鸟，相传能飞数里。

张衡对我国以及世界科学的发展，做出了重大的贡献。

张机，字仲景，南阳郡涅阳县（今河南省南阳市）人，约生于东汉桓帝和平元年（150），卒于献帝建安二十四年（219）左右。他是我国古代一位卓越的医学家。东汉末年，战争频繁，疫病流行，人民死亡的很多。他的家族原有两百多人，不到十年时间，死了三分之二，其中因患伤寒而死的占十分之七。他同情人民的疾苦，精心研究医学，整理和总结前代医学的理论和经验，广泛收集民间的药方，结合自己的临床经验，写成了他的医学巨著《伤寒杂病论》十六卷。后来，流传下来的只有《伤寒论》和《金匮要略》两书。伤寒在当时是一切热性病的总称，《伤寒论》几乎是一切传染病的概论，内容包括病理、诊断、治疗、用药等方面。《金匮要略》是治疗杂病的专书，包括内科、外科、妇产科等方面的病理和药方。

张仲景在病理方面，根据对病人病情的分析，通过望色、闻声、问症、切脉的诊断过程，找出病源；在治疗方面，提出发汗、催吐、下泻、解病毒四种方法以及"寒病热治"和"热病寒治"两大原则。他是一位有丰富理论和实际经验的多能的医师。他能兼用针灸术、灌肠法等技术治病，又能使用人工呼吸法急救昏厥。在医学观点上，他主张疾病要早期预防，提出只要保养身体，饮食有节，劳逸适当，就可以保持身体健康，预防疾病。

张仲景的医学，奠定了中医治疗学的基础。他的著作至今仍被视为中医的可贵财富，有些药方在今天仍有实用价值，有着显著疗效。他对中国医学的发展有着巨大贡献和深远影响。

（李书兰）

53

扁鹊再世　华佗重生

　　以前在许多医院里，我们常常可以看到"扁鹊再世""华佗重生"的匾额，这些匾额大都是曾经患过重病，而后被治好的病人赠送的。他们以"扁鹊再世""华佗重生"来赞扬大夫的高明医术，表达自己的由衷谢意。

　　扁鹊是战国时期齐国人，姓秦，名越人。扁鹊是他在赵国行医时的绰号。他是个民间医生，长于内科、妇科、小儿科、耳目科等。他的医术很高明，治好过许多患重病的人。相传虢（guó）国的太子患了重病，四肢冰冷，人事不省，失去知觉已经半天。许多人都认为太子已死，只等着殡殓了。适巧扁鹊由这里经过，他诊治后断定太子并未死去，而是患了"尸厥症"。他立即先以针法急救，使病人恢复知觉，再以熨法温暖病人身体，然后又用汤药调养，经过二十多天，终于使太子恢复了健康。因此，当时的人都称赞扁鹊能"起死回生"。

扁鹊治病除了切脉，还用望色、听声和观形等方法诊断病症。据说，有一回他到了齐国都城，齐桓侯接待了他。当他第一次朝见齐桓侯的时候，就发现桓侯有病在"腠理（指皮肤之间）"。他劝桓侯早点医治，桓侯不信。过了几天，他又见到桓侯，发现桓侯的病已到血脉，桓侯仍然说："我没病。"又过了几天，他再见到桓侯时，桓侯的病已到了肠胃，但桓侯还认为自己没病，不肯治疗。又过了几天，扁鹊发现桓侯的病已深入骨髓，不可救治，他便离开了齐国。扁鹊走后，桓侯的病果然发作，不久就死了。

扁鹊以他高超的医术和对待病人负责的精神，为人们所仰慕，也为后来医家所崇敬。他是我国古代最有声望的名医之一，人们把他说成是中国的"医圣"。

华佗是东汉末年沛国谯县（今安徽省亳州市）人。他勤奋好学，学识非常渊博，既通儒家的经术，又酷好医学，精通内科、外科、妇产科、小儿科和针灸科等，尤擅长外科手术。

华佗是个不贪图功名利禄的人。他两次拒绝汉朝地方官吏要他做官的举荐，只肯做一个普通的民间医生。他行医于今江苏、山东、河南、安徽的部分地区，最后，他因不愿做曹操的侍医而被曹操杀死。

华佗的医学知识和临床

▲ 华佗像

经验都很丰富，经他治好的病人很多。例如，广陵太守陈登得病，胸中烦闷，面色发赤，食欲不振。华佗给他诊脉后，断定他肚里有虫，给他配了些汤药，喝下去后便吐出许多虫来。再如，有位李将军的妻子病得很重，请华佗诊脉。华佗说："这是由于伤身而胎未去的缘故。"将军说："的确曾经伤身，但是胎已去了。"华佗说："以脉来看，胎并没去。"将军却不相信。过了一百天左右，病人的病势更重了，再请华佗诊视，他说："脉如从前，可能因为是双胎，生第一个孩子时失血过多，以致影响第二个孩子生不下来。现在胎儿已死，只好用针灸与汤药催死胎快点下来。"将军的妻子在针灸和服药后，肚子痛得厉害。华佗说这是死胎久枯，不能自出，可找一个人把它取出来。那人按照华佗所说的方法，果然取出了一个死胎。

华佗不仅善于采用诊脉的方法治疗疾病，而且善于通过对病人的面容形色、病状的观察，判断病人患的是什么病，并能推知以后的发展情况。有一次他在盐渎（今江苏省盐城市）一家酒店里看见几个饮酒的人，他仔细地观察了其中一位名叫严昕的男子，然后问道："你身体好吗？"严昕回答说："和平常一样。"华佗对他说："从你脸上可看出你有急病，最好不要多饮酒，快回家去。"果然严昕在回家的路上头晕，从车上跌下，到家不久就死了。

华佗除了在内科诊断和治疗方面有很大成就，对医学的更大贡献是在外科手术方面。他发明用全身麻醉的方法进行外科手术，是我国也是世界上第一个使用全身麻醉的医生。华佗为了消除和减轻人们在进行外科手术时所感到的剧烈疼痛，发明了一种名叫"麻沸散"的麻醉剂，动手术之前，叫病人用酒冲服，等病人失去知觉，然后开腹治疗，若是肿瘤就割去肿瘤，若是病在肠胃，就断肠湔（jiān）洗，最后再缝合伤口，在伤口上敷上药膏，四五天后开刀处即可愈合，一个月左右病人就可和健康人一样了。由于他的医道高明，技巧纯熟，以至于后来的人常常把当时一些名人的治病事例和他的名字联系在一起。比如，《三国演义》中的"关云长刮骨疗毒"的故事，便是这样附会出来的。

华佗也很重视积极锻炼身体，预防疾病。他创造了一种新的运动方法，名叫"五禽之戏"，模仿虎、鹿、熊、猿和鸟类五种动物的动作姿态，来锻炼人的身体各部。

（李秋媛）

黄巾起义

　　东汉刘秀（光武帝）建国不久，皇亲国戚和开国功臣就在河南一带大量侵占民间土地。中期以后，外戚、宦官相继当权，侵夺土地更加猖狂，如章帝时的外戚窦宪，倚仗权势，霸占土地，甚至以低价强夺沁水公主的园田。后来被章帝发觉，责骂他说："公主的土地你还敢强占，何况百姓！"桓帝时，宦官侯览，前后夺人住宅三百八十一所，田地一百一十八顷。除外戚、宦官外，一般商人、地主也大量兼并土地。东汉后期，社会危机更加严重：贵族、官僚、商人、地主日益加剧土地的兼并，农民大批破产、流亡，或依附豪族做佃客，或卖身为奴，离乡背井、流散道路的人，触目皆是。

　　政治的黑暗和腐败，是东汉中期以来加深人民痛苦的一个很重要的原因。不管是外戚当政，还是宦官当权，百姓都受尽欺凌和迫害。桓帝时，外戚梁冀独揽朝政，他的亲戚布满州郡，爪牙横行地方。为了搜刮钱财，他把地方上的富户关入狱中拷打，敲诈勒索，出钱多的可以赎身，给钱少的或被杀死，或被流放远地；数千百姓被迫为他做奴做婢，受尽剥削压迫，苦不堪言。梁冀死后，朝廷没收他的家产，资财达三十多亿，相当于政府全年税收的一半。宦官执政也是同样的凶残。单超、左悺、具瑗、徐璜、唐衡因谋诛梁冀有功，五人同日封侯，世号为"五侯"。单超死后，四侯势力更盛，到处欺压百姓，胡作非为，当时人刘陶上书指责宦官的残暴，认为他们与虎狼没有什么差别。

再加上东汉不断和羌族统治者发生战争，耗费几百亿钱财，负担也都落在百姓身上。人民不堪这种惨重的经济剥削和黑暗的政治压迫，纷纷起来反抗。从安帝时开始，各地大小规模不等的起义，就已陆续爆发，而且此起彼伏，散而复聚。"发如韭，剪复生；头如鸡，割复鸣；吏不必畏，小民从来不可轻。"这支表现人民坚强不屈的、充满革命气概的民谣在到处流传。全国在酝酿着一次更大规模的革命风暴。灵帝时，修建宫殿，加重赋敛，卖官卖爵，吏治更加败坏，剥削更加残酷，人民实在忍无可忍，终于，在中平元年（184），波澜壮阔的黄巾大起义爆发了。

起义军以黄巾包头，称为"黄巾军"。他们在张角、张宝兄弟的领导下，焚烧官府，捕杀贪官污吏，打击地主豪强，声势浩大，革命的火焰迅速燃遍了广大地区。后来，虽然起义各部都被东汉政府和地方豪强的联合武装镇压下去，然而东汉的统治经过这次暴风式的革命力量的打击，也到了奄奄一息的地步。

黄巾起义是中国历史上第一次利用宗教组织进行的农民大起义。起义军利用太平道教作为组织起义的工具，并且提出了要求政治平等、财富平均的"太平"理想。起义失败后，道教向两极分化：一部分上升变成为封建统治阶级麻痹人民、维护其统治秩序的有力工具；另一部分则仍旧与农民群众相结合，成为组织农民暴动、宣传革命思想的武器。太平道的革命思想，成为后代农民起义"等贵贱，均贫富"思想的渊源。

（李书兰）

55

赤壁鏖兵

东汉末年，各处地方官吏和豪门大族在绞杀农民起义的过程中，造就了自己庞大的军事势力，各霸一方，互相攻伐，形成了3世纪初期封建割据的混战局面。在这些割据一方的势力中，力量比较强大的，在北方，有河北（黄河以北）的袁绍和河南（黄河以南）的曹操；在长江流域，有江东（长江下游一带）的孙权、荆州（今湖北省、湖南省）的刘表和益州（今四川省、云南省、贵州省）的刘璋。

汉献帝建安五年（200），曹操在官渡（今河南省中牟县东北）打败了袁绍，统一了北方。建安十三年（208）秋天，他又率军南下，打算统一全国。

这时，占据荆州的刘表刚刚死去，他的次子刘琮继位，在曹操大军的威慑下，投降了曹操。原来投靠刘表的刘备，则与刘表的长子刘琦一道，率领大约两万的兵力，退守夏口（今湖北省武

▲ 曹兵百万下江南

汉市）。

　　曹操率领着号称八十万的大军（实际只有二十多万），自江陵（今湖北省江陵县）沿江东下，直逼夏口。刘备的情况十分危急，他派了诸葛亮到江东去联合孙权，共同抗曹。

　　孙权和刘表原来也有矛盾，只是这时见到曹操势盛，如果荆州真为曹兵占据，江东也就很难保全，鉴于这种形势，他同意了诸葛亮的意见，答应派大将周瑜、程普等人率军三万与刘备联合，共同抵抗曹兵。

　　曹操的大军自江陵顺流而下，舳舻（指船）千里，旌旗蔽空，声势十分浩大。曹操自以为在军事上占绝对优势，打败刘备乃至孙权，是不成问题的。官渡之战的胜利，刘琮的乞降，使得他变得骄傲起来。他不再能冷静地考虑双方的有利和不利条件。事实上，这时曹操的军队虽有二十多万，可是其中就有七八万人（主要是水军，是作战的主力）是刚刚投降过来尚怀疑惧的荆州水兵，而从北方来的兵士由于远来疲敝、不服水土，生病的很多。再加上刘琮初降，荆州民心未定，后方很不稳固。所以尽管曹操善于用兵，也并不是有全胜的把握的。

曹操的军队和孙、刘联军在赤壁（今湖北省嘉鱼县东北）相遇。曹操鉴于北方军队不惯水战，下令用铁索把战舰连锁在一起，以便兵士在船上行走如履平地，这就给了孙、刘联军采用火攻的机会。一天夜里，东南风大起，周瑜的部将黄盖假称投降曹操，带了一艘艨艟（méng chōng，古代的一种战船）斗舰，里面满载着灌了油的柴草，顺着风势直向曹营驶去。在离曹营不远处，船上一齐燃起火来，迅疾地向曹操的水军船舰冲去，火烈风猛，霎时间，曹军船舰就被延烧起来。那些船舰因有铁索连锁，仓促间无法拆开，一时烈焰冲天，曹操的水寨化成了火海。一会儿工夫，曹操的岸上营寨，也被延烧着了。曹军人马烧死溺死的不可胜计。孙、刘联军分水、陆两路乘势进击，曹操损失惨重。

赤壁之战后，曹操经过这次挫败，退回到北方，势力局限在中国北部，再也无力南下。220 年，曹操病死，他的儿子曹丕废掉汉献帝自立为皇帝，国号魏，建都洛阳。刘备通过这次战争，趁机占据了荆州的大部分地方，有了立足之地，随即又向西发展，夺取了刘璋的益州。曹丕称帝的次年（221），刘备也自立为皇帝，国号汉（史称"蜀"，或"蜀汉"），建都成都。孙权经过这次战争，在长江中下游一带的势力得到巩固，力量比以前更加强大。229 年，孙权称帝，国号吴，建都建业（今南京市）。这就是历史上所说的魏、蜀、吴三国。三国鼎立的局势出现后，战争虽然仍旧继续进行，但是由于各国统治者都比较注意各自统治区内社会生产的发展和社会秩序的安定，所以，这时比起东汉末年时，由于军阀混战所造成的"出门无所见，白骨蔽平原"的局面，相对地要好得多。

"赤壁鏖（áo，形容战争激烈）兵"，指的就是这一次对三国鼎立局势的形成具有决定意义的大战役。

（李秋媛）

56

曹操

曹操（155—220），字孟德，小名阿瞒，沛国谯县（今安徽省亳州市）人，出身于宦官集团的大官僚家庭。二十岁时，他被地方官以"孝廉"名义推选为郎（官名），不久升为洛阳北部尉，负责管理京都地方的治安。洛阳是首都，豪强贵族很多，不好治理。曹操到任后，造了几十根五色棒悬挂在大门两旁，有违犯禁令的就用棒打死，以此来惩办那些触犯法令的豪强。后来，他在济南任相时，有十几个县官，贪赃枉法，欺压百姓，被他奏免

▲ 曹操像

了八个。为此，当时豪强都非常恨他。

184年，黄巾起义爆发，曹操领兵镇压黄巾起义，并不断扩充自己的军事力量。192年，青州（今山东省中东部）黄巾军再起，攻到兖（yǎn）州（今山东省西部）各地。曹操纵兵追击，打败了青州黄巾军，得降兵三十余万，男女百余万口。他从中挑选精锐，充实和扩大自己的队伍，号为"青州兵"，成为自己的军事主力。

196年，汉献帝从长安军阀董卓残部的控制中逃回洛阳，曹操要汉献帝迁都到许（今河南省许昌市），把这个傀儡皇帝直接放在自己的势力控制之下，然后利用他的名义发号施令。

军阀的连年混战，使北方社会经济遭到严重的破坏，人民生活困苦，军粮供应也很缺乏。为了安定社会，解决军粮问题，曹操在迎献帝迁都于许的这一年，在许的附近实行屯田，兴修水利，招抚流民开垦，第一年就取得了很大成绩，获得了一百万斛粮食。此后，他又把屯田推行到其他各地。几年的工夫，今河南一带地方农业生产便逐渐恢复起来。屯田地区的粮仓都堆得满满的，保证了军粮的供应。这是曹操迅速统一北方的可靠的经济基础。

赤壁之战后，曹操感到自己的力量还不够雄厚，一时还不能统一全国，还必须努力积聚力量。因此，他一面继续推行屯田政策，减轻赋税，发展农业；一面积极整顿内政，抑制豪强，加强中央集权。在政治上，他曾先后三次下令求贤，只要有真才实学，即使"出身微贱""门第低下"，也可以被量才录用。这一措施打破了长期以来豪族垄断政权的局面，使许多奋发有为的人得到了破格提拔的机会。同时，他还积极提倡文学，对当时知名的文人极力争取，加以重用。流落匈奴十多年的女文学家蔡文姬，就是由于他的招揽被赎回来的。曹操本人就是一个杰出的诗人，诗歌写得很好。他的两个儿子——曹丕（魏文帝）、曹植（曹子建），一个是当时著名的文学评论家，一个是当时才华横溢的大诗人。父子三人在文学史上都占有很重要的地位。曹操是一个有多方面才能的人，他不仅会打仗，而且还精通兵法，《孙子》十三篇，就是经过他的整理流传至今。

　　总之，从上面的叙述来看，曹操虽然曾经镇压过黄巾起义军，但是他做过许多有益于当时生产发展和社会进步的好事情，就他一生主要的活动来讲，是功大于过。他是我国封建时代杰出的政治家、军事家和文学家。

（唐赞功）

57

文姬归汉

　　蔡文姬，名琰，是东汉末年大文学家蔡邕的女儿。她博学多才，记忆力很强，尤其对于音律有极高的造诣。《后汉书·列女传》李贤等注引刘昭的《幼童传》说：她小时，有一次听父亲夜里鼓琴，忽然断了一根弦，她只听声音就知道断的是第几根。父亲不相信她真的能辨别，认为是偶然猜中的，于是又故意弄断了一根来试她，结果又说得一点不差，这才知道她是真的能辨琴音，并不是瞎猜。

　　她一生的遭遇是十分悲惨的。她幼年时跟随父亲亡命在外，吃尽苦头；后来回到洛阳，嫁给河东卫仲道。192 年，父亲在长安遇害，接着，母亲和丈夫也相继死亡，她一个人过着孤苦伶仃的生活。汉献帝兴平二年（195），她为南匈奴骑兵俘虏，被迫嫁给南匈奴左贤王。她在匈奴留居了十二年，生了两个孩子。但是，她日夜思念着自己的家乡，正如她自己所说，"无日无夜兮，不思我

▲ 宋 · 佚名《文姬归汉图》（胡笳十八拍第二拍图）

乡土"。

　　十二年过去了，中原地区发生了很大的变化。曹操先后打败了各地的军阀，统一了北方，基本上结束了北中国的战乱局面。曹操是一个有远大抱负的政治家，他想统一全国，希望人民能过安定的生活，国家能够富裕繁荣。他不仅注重积极发展生产，而且注重努力提倡文化建设。他周围汇聚了多方面的人才。蔡文姬是蔡邕的女儿，曹操和蔡邕是很好的朋友，蔡邕被王允所杀，只有蔡文姬这个女儿。加上文姬本人又是才女，曹操同情她的遭遇，更

▲ 宋·佚名《文姬归汉图》（胡笳十八拍第十六拍图）

爱惜她的才能，因此决定把她接回来，好让她为文化事业做出一番贡献。

　　建安十三年（208），曹操派遣使者，携带着厚重的礼物，到匈奴把蔡文姬赎了回来。至此，流落匈奴十余年的蔡文姬，终于回到了故乡。文姬归汉后，曹操问她："夫人家中原先藏有很多古书，还能记得内容吗？"文姬回答道："从前亡父藏书四千多卷，因流离散失，一无所存，如今还记得内容的才四百多篇。"曹操说："很好。我派十个人，夫人口授，让他们记录。"蔡文姬说："不必。我自己缮写好，再给您送上。"果然，她凭着自己的记忆，默写出了四百多篇古代珍贵的典籍。

蔡文姬很有才华，她不但懂音律，而且诗作得很好，据说有名的长篇抒情诗《胡笳十八拍》就是她的作品。

（唐赞功）

58

三顾茅庐

"三顾茅庐"说的是 207 年刘备拜访诸葛亮的故事。

诸葛亮（181—234），字孔明，东汉末琅琊阳都（今山东省沂水县南）人，是一位杰出的政治家和军事家。童年时候，因父母

▲ 诸葛亮像

先后去世，他跟随叔父寄住荆州，后来隐居在襄阳隆中（今湖北省襄阳市西），刻苦学习。他在隐居期间，常和许多好友在一起谈论国内的政治形势，对当时那些割据称雄的军阀们的情况都比较熟悉。他是一个有远大志向的人，常自比为春秋战国时期的管仲和乐毅。显然，他的隐居，并不是为了逃

避现实，而是在等候机会，待时而起。熟悉他为人的人，都很敬重他，称他为"卧龙"先生。

刘备在多年军阀混战中，始终没有占据到稳固的地盘，后来被迫跑到荆州去依靠刘表。在荆州时，刘备认识了当时的很多知名人士。司马徽和徐庶，就是他十分钦佩的人物。这两个人也都是诸葛亮的好朋友，他们在刘备面前极力推荐诸葛亮，认为只有他才是当今真正有学问、识时务的俊杰。经过他们的介绍，刘备十分渴望这位"卧龙"先生能够出山来辅佐自己。207年，刘备为了表示推崇的诚意，一连三次，冒着严寒亲自到隆中去敦请诸葛亮。前两次都未见到诸葛亮的面，直到第三次，诸葛亮深感他的热诚，才出来接见。这就是历史上被传为美谈的"三顾茅庐"的故事。

在隆中草房里，刘备坦率地倾吐了自己的抱负与目前所处的困境。诸葛亮也纵谈天下的形势与自己对形势的见解，他说："现在曹操占据着北方，拥有百万之众，挟天子以令诸侯，暂时还不能跟他争锋。孙权占据江东，已经统治了三代，国势稳定，不能与他为敌，最好是与他联合。现在只有占据荆州、益州作为根本，然后内则励精图治，充实国力，外则联合孙权，团结西南各族。等待时机成熟，命令一名上将率领荆州军，北向攻取南阳和洛阳，将军您则亲自率领益州主力西出秦川（今陕西省），取长安，夺中原。如果能照这样做，当可以统一全国。"这一席话就是有名的"隆中对策"。这段话对当时天下形势的分析是很有见识的。刘备听了，极为佩服。从此，诸葛亮就结束了自己的隐居生活，成了刘备的主要谋士，正式登上了政治的舞台。

208年，曹操率领二十多万大军（号称八十万），准备统一南

▲ 定三分隆中决策

方，这时刘备刚从樊城逃往夏口，兵力只有两万余人。在这大军压境、危在旦夕的形势下，诸葛亮初出茅庐就表现出了卓越的政治、军事才能。他分析了敌我形势和双方的各种条件，认为只有联合孙权，共同抗曹，才有出路；他只身赴东吴，说服孙权，成立孙刘联军，采用火攻办法，在赤壁一战，大破曹军。脍炙人口的"舌战群儒""借东风"等传说，就是根据诸葛亮在这次战争中的杰出活动而虚构、夸张出来的。

赤壁之战奠定了三国鼎立的局面。赤壁之战后，刘备占领了荆州，以后又占据了益州。221年，刘备在成都称帝，国号汉；诸葛亮为丞相，负责管理蜀国的政治、经济和军事。223年刘备死后，诸葛亮又辅助他的儿子刘禅（阿斗），更是兢兢业业。

在诸葛亮任丞相期间，蜀汉一方面励精图治，严明赏罚，减少冗官浮员；另一方面注意奖励农业，恢复生产，推行屯田政策。诸葛亮自己也能够虚心纳谏，谦虚谨慎，生活也比较俭朴。因而，蜀汉成为当时一个政治上比较清明的国家。为了巩固后方，蜀汉对西南少数民族，采取了和好政策，从而使彼此的关系得到了改善和加强。

在做好了上面的准备工作以后，蜀汉开始了北伐曹魏的军事行动。诸葛亮亲自率领部队，六次北伐，两次出祁山（今甘肃省西和县西北）。在历次战斗中，诸葛亮表现出了足智多谋的军事才能和坚韧不拔、苦干实干的精神。234年，他因为操劳过度病死在五丈原（今陕西省岐山县西南）前线。据说他死前吐血不止，还带病坚持工作，真正做到了他自己所讲的"鞠躬尽瘁，死而后已"。

在二十几年的战争生活中，诸葛亮积累了丰富的战斗经验。

他善用计谋，精通兵法，出色地改善和运用了"八阵图"法，连他的敌手司马懿也称赞他是"天下奇才"。据说，他还创制了一些新式武器和运输工具，如经他革新的"连弩"，能同时发射十箭，威力比旧式连弩大得多；再如，为了适应蜀陇山区运输的需要而制造的"木牛流马"，使用起来非常灵活方便。

由于这些，在后来的小说《三国演义》以及各种戏曲传说中，诸葛亮被塑造成了一个忠贞、智慧的典型角色，并且被渲染、夸张成为一个能掐会算、呼风唤雨、充满传奇色彩的神话人物。我国民间有句谚语"三个小皮匠，胜过诸葛亮"，这句话一方面表明了人多智慧大、主意多这一真理，另一方面也表明了人们对诸葛亮的杰出才能的颂扬。

（黎虎）

59

晋朝的建立

　　司马氏的晋朝，是东汉以来逐渐强大起来的世家豪族这一阶层，在司马氏家族的领导下，篡夺了主张中央集权的曹魏政权而建立起来的。

　　东汉以来，世家豪族的势力非常强大。在经济上，他们占有大量土地，占有劳动力，一家大豪族，常是"膏田满野，奴婢千群，徒附（一种依附性很强的农民，类似农奴）万计"；在政治上，他们独占官位，一家豪族常是"四世三公（四代都做三公大官）"。东汉末年的政府，就是依靠这个阶层的势力才把黄巾起义镇压下去的。黄巾起义失败以后，东汉中央政府的力量更加薄弱，世家豪族的力量也就更加强大。

　　曹操以镇压黄巾起义起家，他在逐个消灭了黄河流域的地方割据势力后，统一了北方。曹操不喜欢这些世家豪族。这些世家豪族都是些大大小小的地方割据势力，大的想占郡占县、称王称霸，小的也想占土地占人口、武断乡曲。曹操想建立起有力量的集中权力的政府。曹操的想法和这些世家豪族的想法，是对立的。曹操采取了很多措施，在政治上、经济上打压世家豪族的势力，曹操所任用的一些地方官也都以能够打压世家豪族的势力而得到曹操的喜欢。

司马氏和曹氏相反，他在政治上是代表世家豪族的利益的，司马氏家族本身就是河内温县（今河南省温县）的大豪族。

晋朝第一个皇帝——武帝——的祖父司马懿是司马氏取得政权的一个重要人物。

司马懿原在魏朝政府里做官。249年，他发动了一次政变，杀死魏朝执政大臣曹爽和一些曹爽的同党，就实际上掌握了大权。不过，这个时期曹家的势力还很大，司马懿还没敢一下就废掉曹氏皇帝。

▲ 司马懿像

司马懿集中力量在两方面做工作，来为他夺取政权铺平道路。他一方面逐个消灭和曹魏关系密切的一些实力派人物，一方面建立五等爵，承认世家豪族的政治、经济特权，以此来取得世家豪族的欢心和支持。司马懿死后，他的儿子司马师、司马昭继续执政，也就继续做这些工作。265 年，一切条件成熟了，司马昭的儿子司马炎就夺取了魏朝的皇位，自己做起皇帝来，这就是晋武帝。司马炎建立的晋朝都城在洛阳，历史上称为西晋。

　　司马氏的晋朝，就是这样建立起来的。

（何兹全）

60

石崇、王恺斗富

这是西晋武帝时候的事情。

当时统治阶级生活极端腐朽，他们荒淫无耻，纵情享乐，以豪华奢侈为荣耀，以比赛浪费为乐趣。石崇与王恺斗富的丑剧，就是统治阶级腐朽生活的典型。

王恺是武帝的舅父，石崇是个大官僚，两人都是依靠剥削、压迫劳动人民而发财的大富翁。王恺家里用麦糖洗锅，石崇家里就把白蜡当柴烧；王恺出门，在道路两旁用紫丝布做成步障四十里，石崇就用锦缎做成步障五十里；王恺用赤石脂泥墙，石崇就用香料泥墙。武帝看到舅父比不过石崇，就赐给他一株珍贵的珊瑚树，高三尺多。王恺自谓无比，请石崇观赏。不料，石崇一下把它打得粉碎。王恺非常惋惜，石崇说："你用不着惋惜，马上可以奉还。"接着叫左右的人搬出家藏的珊瑚树，高三四尺的就有六七株之多。这两个荒诞的贵族，就是这样肆无忌惮地糟蹋劳动人民辛苦创造的财富的。

王恺和石崇还常常大宴宾客。王恺同客人喝酒时要美女在席旁吹笛，如果吹得稍失音韵，就把美女杀掉。石崇用美女劝客饮酒，如果客人喝得不高兴，或喝得不多，就杀美女。在一次酒席上，一个残忍的客人故意不喝，石崇就连杀三个美女，真是残暴到灭绝人性的地步！这些美女是他们家里蓄养的婢女。他们为了自己的荒淫纵乐，竟任意杀死她们。

西晋统治集团的丑恶行为是数不尽的，岂止石崇和

▲ 清·华岩《金谷园图》（石崇在金谷园内坐听侍妾绿珠吹箫）

王恺如此？最高统治者晋武帝就是一个荒淫无耻的家伙！他差不多把民间长得好看一点的女子都选入了宫廷。灭吴国后，他又选取了吴国宫女数千。据说，他宫中总共有宫女一万人以上。平日，他乘着羊车，便任由羊车拖他到后宫随便什么地方，车停到哪里，便在哪里宴寝，整天沉浸在荒淫的生活中。有皇帝带头，这就无怪一般豪门贵族跟着奢侈放纵。大官僚何曾，每天吃饭要花一万钱，还说没有下筷子的地方。他的儿子何劭，一天膳费达两万钱，奢侈又甚于父亲。贵族子弟常常披着头发，脱光衣服，一起狂饮，

戏弄婢妾。他们的行为，就是这样无耻和放荡！

西晋上自皇帝，下至所有官僚贵族，都十分贪财，晋武帝就公开卖官营利。司徒王戎，贪污勒索，积财无数，田园遍天下；每天晚上，还亲自和老婆在灯下拿着筹码算账，分毫必较。他家里有好李子，怕卖出以后，别人得到好种和他争利，于是先把李核钻了再拿到市场上去卖。石崇做荆州刺史时，竟然指使部属公开抢劫过路行旅。

西晋统治阶级当权派大都是地主阶级中的门阀豪族，朝廷规定他们有免除课役和世代做大官的特权。他们占有无数良田耕地和大量佃客（为他们种地的农民），无情地对广大劳动人民进行奴役和剥削，以此来积累财富，维持自己极端可耻的生活。

（严志学）

61

八王之乱

　　"八王之乱"是西晋皇族之间的一场争夺权力的斗争。

　　265年，司马炎（晋武帝）称帝，随后大封同姓子弟为王。他改变汉魏以来虚封王侯的办法，给予诸王军政实权。诸王不仅在封国之内权力很大，有的还兼理一方军务，如汝南王司马亮都督豫州诸军事，楚王司马玮都督荆州诸军事……这样，诸王既

▲ 晋武帝司马炎像（中）

有封土，又有军队，势力逐步扩充，野心自然随之滋长。

290 年，晋武帝死，惠帝继位，由皇太后的父亲杨骏辅政。惠帝是个白痴，当时，天下荒乱，人民饿死的很多，而他却问："那些人为什么不吃肉粥？"这个白痴做皇帝，大权旁落。于是，野心勃勃的诸王就想趁机争夺政权。

战乱的开始是从宫廷发动的。惠帝的皇后贾南风与杨骏争权。291 年，她使楚王司马玮带兵入朝，杀了杨骏，并请汝南王司马亮辅政。不久她又指使司马玮杀死司马亮，接着就用矫诏擅杀的罪名，杀死楚王司马玮，夺得全部政权。300 年，赵王司马伦起兵杀死贾后，第二年废掉惠帝，自己称帝。从此，大乱由宫廷内乱发展到诸王间的大混战。

这时，齐王司马冏镇许昌，成都王司马颖镇邺，河间王司马颙（yóng）镇关中，这三镇都是军事要地，力量最强。这年三月（阴历），齐王司马冏联合成都王司马颖、河间王司马颙共同起兵反对赵王司马伦。经过六十多天的厮杀，战死近十万人。最后，赵王司马伦战败被杀，齐王司马冏入洛阳，惠帝复位，齐王专政。

302 年，河间王司马颙派兵两万进攻洛阳，并约长沙王司马乂（yì）进攻齐王司马冏。长沙王司马乂和齐王司马冏在洛阳城内连战三日，齐王司马冏战败，长沙王司马乂割下齐王的头，徇示（巡行示众）三军，朝政又落在长沙王司马乂手里。

303 年，成都王司马颖和河间王司马颙以长沙王司马乂"论功不平，专擅朝政"为口号，联兵反对长沙王司马乂。司马颙派部将张方率精兵七万出关东趋洛阳，司马颖派陆机等率二十万军队从北向洛阳进攻，惠帝和长沙王司马乂退出洛阳。张方进入京城，纵兵大掠，杀人万计。后张方退屯洛阳附近，惠帝还宫，但不能打退张方的包围。京城男子十三岁以上的都被拉去当兵，一石米值万钱，许多人因此饿死。东海王司马越在洛阳城中勾结部分禁军，把长沙王司马乂擒住，交给张方，为张方烧死。成都王司马颖旋即进入洛阳，做了丞相，但不久，仍回到他的老巢邺城，张方则在洛阳掠夺了官私奴婢万余人西还长安，军中没有粮食，就杀人和在牛马肉里一起吃。真是一群吃人的野兽！

304 年，东海王司马越带领禁军和惠帝，讨伐成都王司马颖。在荡阴（今河南省汤阴县西南）一役，被司马颖杀败。惠帝身中三箭，被俘入邺城，东海王司马越逃到自己的封国（今山东省郯城县）。河间王司马颙令张方率兵占据洛阳。

幽州刺史王浚曾和成都王司马颖有仇隙，这时，他便联合并州都督司马腾反对司马颖，并勾结一部分鲜卑、乌桓人充当骑兵。司马颖也求匈奴左贤王刘渊助战。刘渊派骑兵五千助司马颖。司马颖被王浚打败，奉惠帝逃入洛阳，王浚军队进入邺城，大肆抢掠杀人，鲜卑兵还掠走许多妇女。由是，诸王间的混战便扩展为各族统治者间的混战。

占据洛阳的张方看到洛阳已经被劫掠一空，便强迫惠帝和成都王司马颖迁往长安。到长安后，成都王司马颖被废，司马颙独掌朝政。

305 年，东海王司马越又在山东起兵，并联合王浚进攻关中，攻入长安，又大肆杀掠。司马越送惠帝返还洛阳。306 年，司马越先后杀死司马颖、司马颙和惠帝，立晋怀帝，大权最后完全落在他手里，战乱才宣告结束。

从 291 年贾后杀杨骏，到 306 年司马越立晋怀帝，战乱达十六年之久。参加战乱的，除贾后外，共有八王，所以史称"八王之乱"。

（严志学）

62

南北朝　六朝

　　自东汉以来，匈奴、鲜卑、羯、氐、羌等少数民族不断地向长城以内和黄河流域一带迁徙，到西晋时，有的已经徙居内地很久。由于长期与汉族交往，他们逐渐走向定居的农业生活，经济文化有了迅速的发展。

　　西晋末年，腐朽的统治阶级内部爆发了"八王之乱"，长达十六年之久的激烈的混战，给人民带来了巨大的灾难，人民无法生活，走投无路，不断掀起反对西晋统治阶级的英勇斗争。各少数民族也都乘机起来反抗晋朝的统治，最先起兵的是匈奴族的刘渊。刘渊是匈奴贵族，304 年，在左国城（今山西省离石区）称汉王，308 年称帝，建都平阳（今山西省临汾市）。刘渊连败晋军，很快占领了山西中部和南部一带地方。310 年，刘渊死，刘聪继位。次年，刘聪派刘曜、石勒攻进洛阳，俘晋怀帝，杀晋王公、士民三万余人，纵兵焚掠，洛阳城遭到严重破坏。怀帝被杀以后，晋愍（mǐn）帝即位于长安。316年，刘曜攻破长安，晋愍帝投降，西晋灭亡。

西晋灭亡以后，中国出现了各族统治者长期割据混战的局面。从304年刘渊称王起，到439年北魏统一中国北部止，一百三十五年间，各族先后在北方和巴蜀建立了十几个政权。

中国北部这种分裂的局面，最后为鲜卑族拓跋氏建立的北魏所统一。494年北魏孝文帝自平城（今山西省大同市）迁都洛阳，改姓元，实行改革，推行均田制，并加强鲜卑贵族和汉族大地主的结合。各族人民在北魏政权的统治下逐渐融合。534年，北魏分裂为东魏和西魏，以后东魏为北齐所代，西魏为北周所代。

西晋亡后，317年，司马睿在江东建康（今南京市）建立政权，历史上称为东晋。东晋从建国起到420年灭亡止，共经历了一百零四年。东晋以后，紧接着有宋、齐、梁、陈四个朝代，它们都建都在建康。

这样，从420年东晋灭亡，到隋统一的一百七十年间，中国历史上形成南北对立的局面，这一时期，历史上称作南北朝。南方的东晋、宋、齐、梁、陈加上三国时候的东吴，都是建都在建康（东吴时称建业），历史上又把它们称作六朝。

（唐赞功）

63

闻鸡起舞

西晋灭亡后，司马睿（历史上所称的晋元帝）在建康建立东晋政权，北方陷入了各族统治者的混战中。北方各族统治者非常残暴，他们任意烧杀掳掠，北方生产遭到严重破坏。人民不断地起来反抗，他们到处建立坞堡，夺取城镇，在反抗统治阶级的斗争中，汉族人民和各族人民的命运密切结合起来了。

祖逖（tì）是这一时期的一位英雄，他是范阳遒县（今河北省涞

▲ 晋元帝司马睿像

▲ 清·任薰《十二生肖人物图册》（闻鸡起舞）

水县）人，和刘琨是很好的朋友。他们俩在青年时代就很有抱负。每当他们谈论到天下大势、讨论起当时的政局时，总是慷慨激昂，义愤满怀。有时，在半夜里，他们听到鸡叫，就披衣起床，拔剑起舞，来磨砺自己的意志，锻炼自己的身体。祖逖眼看到晋朝统治者相互争战，把中原闹得乌烟瘴气，心中非常难过。他对刘琨说："万一天下大乱，豪杰并起，我们决不能总待在中原，没有作为啊！"

匈奴贵族刘渊起兵以后，中原陷入了非常混乱的状态。祖逖率领亲族和部属、家人南下，后来到达了京口（今江苏省镇江市）。

那时，东晋王朝中以晋元帝为首的统治集团，只把目光集中在巩固江南的统治上，从来不想改革政治，也从来不做北伐的准备。谁主张北伐，谁就受到排斥和打击。大臣周嵩劝晋元帝整顿军事，加强武备，收复中原后再称皇帝，几乎被晋元帝杀死。祖逖要求晋元帝允许他带兵北伐，说："各族统治者趁晋朝皇族自相残杀，兴兵扰乱中原，人民遭受残害。如果让我带兵北伐，必定会得到天下的响应。"晋元帝不好直接拒绝他，但只给了他一个豫州刺史的空头衔，一千人的食粮和三千匹布，要他自己去招募军队和制造兵器。在这样艰困的情况下，祖逖毫不灰心，带领随从他的一百多人渡江到北岸去。当船到江中时，他取楫（船桨）击水，当众起誓说："我祖逖不能肃清中原，决不回头！"态度坚定，声音激昂，和他一同渡江的人都非常感动。他到北方后，不久就组成了一支两千多人的队伍。祖逖的军队既缺乏粮食，又受到敌人的袭击，处境非常困难。可是人民支持他，给他送粮送信，欢迎北伐军就像欢迎自己的亲人一样。祖逖没有一刻忘记过渡江击楫的誓言，他紧紧地依靠人民，和敌人展开了不屈的斗争。317年，他带领大军在谯城（今安徽省亳州市）打败石勒的军队。三年以后，收复了黄河以南的大部分地区。他团结人民，保卫收复的土地，得到了人民真诚而热烈的拥护。他继续练兵，准备向黄河以北推进。

但是，他的胜利引起了东晋政府的敌视。东晋政府不仅不支持他，还派人监视他。他看见东晋君臣只是争权夺利，晋元帝只想做一个偏安江南的皇帝，权臣王导只想建立一个王氏当权的小朝廷，尤其是权臣王敦非常专横，还准备发动叛乱，知道收复全部失地已经没有希望，他感到愤恨，感到痛苦。321年，他在忧愤中病死。他收复的失地，很快又被石勒完全占领。他的死，引起了人们极大的悲痛，人们到处修祠纪念他。据史书上说，豫州地方的人民听到他逝世的消息，都不禁痛哭流涕。

（吴雁南）

64

风声鹤唳　草木皆兵

　　4 世纪中叶，氐人占据了关中，建立了前秦。后来，苻坚做了前秦的皇帝，他任用王猛，打击豪强，休息民力，国势日益充裕。前秦渐成为北方强大的国家，它先后灭掉前燕、前凉，统一了北方。

　　382 年，苻坚召集满朝文武官吏，对他们说："我做皇帝将近三十年（实际只有二十五年），四方大体上已经平定，只有东南一角的东晋不肯听从命令。我准备亲自率领大军灭晋，你们看行不行？"除个别人外，多数大臣都不同意出兵攻晋，认为攻晋不会讨得什么便宜。大家讨论了很久，始终不能得出苻坚所希望的结论。苻坚很不耐烦地说："这样议论纷纷，哪能有什么成果！让我自己做决定好了。"

　　苻坚同他的弟弟苻融单独商议，苻融指出：前秦的军队长期攻战，士卒疲劳，军民存在畏惧东晋的情绪；鲜卑人、羌人、羯人布满长安附近一带，他们并没有真正归顺前秦，大军一旦东下，关中会发生很大的危险。符融还说，凡是说不可伐晋的人都是忠臣。符坚听了，不高兴地说："怎么你也会说这样的话，真使我感到失望。"

大臣们不断苦谏，劝他不可攻晋。而鲜卑贵族慕容垂等却希望符坚在战争中失败，好趁机恢复前燕的统治，都私下劝符坚出兵。

383年秋，符坚派符融为前锋带领二十五万人，大举攻晋。前秦的兵力共有步兵六十万，骑兵二十七万，这里面有鲜卑人、羯人、匈奴人、氐人、羌人，大部分是汉人。进军的声势看起来很大，旌旗相望，首尾一千多里，先头部队已经抵达淝水附近，而后继部队才从咸阳出发。实际上这是一支七拼八凑，内部很不稳固的队伍。

东晋派谢玄、谢石等率领八万人迎击秦军。谢玄、谢石等人决定趁秦军主力还没有集结的时机袭击它的前锋，一举击溃秦军。他们首先派刘牢之率兵五千在洛涧（在今安徽省定远县西）打败秦军，随即指挥各路兵马乘胜前进，直逼淝水右岸，和前秦军隔河相对。秦王符坚和他的弟弟符融登上寿阳城，远远望见晋兵阵势非常严整，又望见前面八公山上的草木，以为都是晋兵。他对符融说道："敌人相当强劲啊！"说时不觉脸上流露出了畏惧的神色。

东晋和秦军在淝水对峙，晋军请求秦军稍往后退，愿意渡河同秦军决一胜负。符坚企图趁晋军半渡的时候歼灭晋军，就答应了晋军的要求。秦军士气低沉，见前面军队移动，以为是打了败仗，又听到有人喊："秦兵败了，秦兵败了。"军心由是大乱，士兵们都不顾苻坚的命令，一个劲儿往后退却。晋军渡河，乘势猛追，秦兵大败。溃退的秦军争先恐后，自相践踏，金鼓旗帜，抛弃满地，残尸断骸，蔽野塞川。逃命的秦兵，不敢停下来休息，听到风声、鹤唳，都以为是晋兵追到，昼夜不停地奔跑，十分之七八饿死、冻死在路上。苻坚狼狈逃回北方，苻融被晋兵杀死。晋兵取得了辉煌的胜利。

淝水之战是东晋十六国时期最大的一次战争，也是决定南北朝对立局面形成的一次战争。

（吴雁南）

65

魏孝文帝

淝水之战后，前秦很快地崩溃了，北方又走向了分裂。386年，鲜卑族拓跋部在山西北部建立了政权，并逐渐向南发展。拓跋部建立的政权最初称代，被灭后，燕取得河北，后又改称魏，历史上称作北魏。439年，北魏统一了北方。

当时，在黄河流域，大地主田庄进一步发展起来，许多大地主往往控制几百家、几千家的农民，甚而还拥有武装，成为北魏政府加强对各地方控制的对抗势力。在这种情况下，北魏政府不得不承认大地主在地方上的势力，拉拢他们到政府里去做官，承认他们对其所控制的农民的剥削权力。农民在北魏统治者和大地主的压迫下，非常困苦，不断举行起义。

北魏统治者认为，为了缓和自己统治下各族人民的反抗和增加国家财政的收入，就必须把劳动人口从大地主手里夺过来。485年，大臣李安世向北魏孝文帝拓跋宏上书说：在荒年里，人民逃亡，他们的土地多半被豪强地主霸占，现在应当均量土地。孝文帝采纳了这个意见，派大臣巡行州郡，会同地方官吏实行均田。根据均田规定：男丁十五岁以上受露田（耕种谷物的田）四十亩，妇女二十亩，种植各种谷物。因为土地要休耕，故实际上都得加倍受田。休耕两年的，三倍受田。此外，男丁给桑田二十亩，种桑树、枣树和榆树。农民年老或死亡，露田要归还政府，桑田由农民永远使用，不还。

受田农民，一夫一妇每年要交纳租税粟二石，帛一匹，男子还要服徭役和兵役。

那时候，往往三五十家共立一个户籍，大地主隐匿的农户很多，妨碍着均田制的实行。孝文帝颁布均田制的第二年，大臣李冲建议，实行三长法：五家组成一邻，五邻组成一里，五里组成一党。邻有邻长，里有里长，党有党长，合起来称作三长。三长负责检查户口，征收租税和征发徭役等。许多大臣本身就是大地主，隐匿的农户很多，他们群起反对李冲的主张。文明太后（太皇太后）和孝文帝为了加强自己的统治力量，坚决支持李冲。他们说："立三长制使租税有一定的准则，可以把逃避租税的人口清查出来，为什么不能实行呢？"结果，三长法在文明太后和孝文帝的坚决主张下实行了。

均田制、三长法实行以后，许多被大地主隐匿的不交租税的人口清查出来了。北方农民有了一定的土地，生活和生产比以前安定了，更多的荒地随之被开垦出来。北魏的农业得到了迅速恢复和发展。

为了同黄河流域的汉族大地主取得联系，进一步巩固北魏的政权，孝文帝决心把都城从平城（今山西省大同市）迁到洛阳。孝文帝知道，迁都一定会遭到各方面的阻挠。他召集文武大臣，宣称要大举进攻南朝。以任城王拓跋澄为首的大臣纷纷反对。退朝后，孝文帝召任城王入宫，对他说："我们鲜卑人起自北方，首都平城，这是用武的地方，不能作为'文治'的中心。我想以进攻南朝的名义，带领大家南下，迁都中原。你的意见怎样？"拓跋澄领会了孝文帝的意思，知道单凭武力不能长久维持北魏的统治，必须拉拢汉族地主，用政治来维持国家。他全力拥护迁都的计划。493年，孝文帝带领步骑三十万南下，到了洛阳，还表示要继续南进，群臣要求停止南伐，孝文帝借此对大家说："你们既然不愿意南下攻伐南朝，就得听我的话，迁都洛阳。"第二年，北魏正式迁都。迁都洛阳后，孝文帝对于改革鲜卑风俗、推行汉化政策更加积极。他下令鲜卑贵族采用汉姓，同汉族大地主通婚，改穿汉人的服装，说汉语。他自己带头改拓跋氏为元氏，并要所有迁到洛阳的拓跋贵族，都算作洛阳人。他还全部采用了汉族统治封建制度。

北魏孝文帝的改革，增加了国家的财政收入，巩固了封建统治，加速了鲜卑族和汉族人民的融合。

（吴雁南）

66

葛荣起义

北魏后期，统治者日趋腐化。高阳王元雍的宫室园林，可以同皇宫、禁苑相比。他家役使的童仆就有六千多人，他吃一顿饭，就要花好几万钱。河间王元琛同他比富，用银槽喂马。胡太后在皇宫旁边修建永宁寺，极其壮丽豪华，寺里到处陈设着珠玉锦绣。

统治者的挥霍浪费，加重了对农民的敲诈勒索。比如，调绢原规定每匹长四丈，可是有的官吏却强迫人民交七八丈算作一匹，租米也往往加倍征收，以致农民的生活越来越困苦。

北魏初期，在北方边缘设沃野、怀朔、武川、抚冥、柔玄、怀荒六镇（以后又增设三镇），驻重兵防止柔然人的进攻。边镇将领非常贪暴，任意奴役士兵，因而激起了以破六韩拔陵为首的军民起义，起义军屡次打败北魏军队。白道（今内蒙古自治区呼和浩特市北）一战，使广阳王元深带领的军队几乎全军覆没。后来，北魏统治者借柔然人的兵力，才把起义镇压下去。北魏军队捕虏了参加起义的军民二十多万人，强行把他们押送到河北去。这批人才到河北，就同各族人民结合起来，举行了声势更为浩大的起义。

526年，大起义爆发。葛荣领导的一支起义军日益壮大起来。葛荣，鲜卑人，曾经做过北魏怀朔镇的镇将，以后参加了起义军。起义军在博野县（今河北省博野县）袭击章武王元融，经过一天的激战，大败北魏军，元融被起义军杀死。不久，起义军又在定州（今河北省定州市）的一次战斗里，擒杀北魏军统帅广阳王元深。528年，河北的起义军集中在葛荣的领导下，控制了河北广大地区。起义军发展到近百万人，"锋不可当"。

葛荣领导的起义军包围了相州（今河南省安阳市），准备攻克相州以后就向洛阳进攻。起义军的前锋越过汲郡（今河南省卫辉市），他们沿途处死官僚地主，夺取大地主的财产，得到人民的热烈拥护。北魏的大将尔朱荣带领七千骑兵，急忙奔扑相州。胜利使葛荣产生了轻敌的情绪。得到北魏军来攻的消息后，他对部将说："你们准备一些长绳，等尔朱荣一来，就跟我抓俘虏。"葛荣的大军向前迎敌，列阵几十里。尔朱荣集中兵力袭击起义军，两军在相州城下，展开激战。起义军失败了，葛荣战败被俘，送到洛阳后被害。

（吴雁南）

67

王羲之

　　王羲之，字逸少，是东晋时代杰出的书法家。他做过右军将军，所以后人也叫他王右军。他的书法艺术在我国历史上享有极高的声誉，后人把他称为"书圣"。

　　王羲之写的字既秀丽，又苍劲，在当时就很闻名，受到许多人的喜爱。据说，在山阴（今浙江省绍兴市）地方，有一位道士想求王羲之写一本《黄庭经》，怕他不答应，便想了个巧妙的办法。道士打听到王羲之最喜欢鹅，就买了一群鹅，把它们养得又肥又白，十分讨人喜爱。一天，王羲之路过那里，看见这一群羽毛洁白、姿态美丽的鹅后，心里有说不出的喜欢，看了又看，舍不得离去，他要道士把鹅卖给他。这时，道士故意不肯卖，说："鹅是不卖的，要么你给我写一本经来换还可以。"王羲之一听这话，马上答应，就聚精会神地写好一卷《黄庭经》，交给了道士，才把一笼子鹅带走。这就是人们历来传颂的"书成换白鹅"的佳话。

▲ 明·钱榖《兰亭修禊图》（局部）

　　王羲之的书法艺术，不仅吸收了汉魏以来许多书法家的精华，更重要的是他能摆脱传统的束缚，开创一种新的境界。他书写的有名的《兰亭序》，笔飞墨舞，气象万千，是他书法艺术的代表作。人们评论他所写的字是"飘若浮云，矫若惊龙"。这两句话正好说明了他的书法艺术的风格。到了唐朝，唐太宗李世民对他的书法推崇到了极点，并且号召大家学习他的书法。经唐太宗这么一提倡，唐、宋以后，所有的书法家几乎没有一个人不临摹王羲

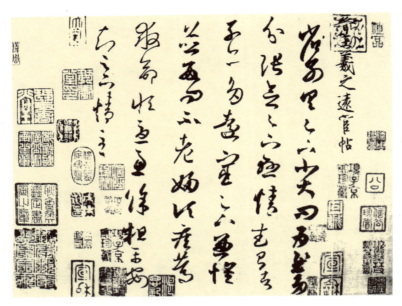

▲ 东晋·王羲之《远宦帖》

之的书法的。

　　王羲之在书法艺术上之所以有这样高的成就，和他的勤学苦练是分不开的。据说，他即使在走路和休息的时候，也在揣摩字体的结构、间架和气势，心里想着，手指也随着在自己身上一横一竖地画着，日子久了，连衣服都画破了。他每天练习完了字，要到门前的池塘里去洗笔砚，时间久了，池塘里的水都变成黑色的了。

　　据《寰宇记》记载，在会稽蕺山下，有王右军的洗砚池。蕺山在今浙江省绍兴市东北，王羲之曾长居于此地。

（张福裕）

68

顾恺之

顾恺之（约 345—409），字长康，无锡人，是东晋时代一位杰出的画家，在绘画创作和绘画理论两方面都有很高的成就。

这位大艺术家，年轻时候诗、文、书、画都很精通；加上他性情坦率、自负，为人诙谐、古怪，所以被人称为"才绝、画绝、痴绝"三绝。

顾恺之的确是一个多才多艺的人，特别是在绘画上的造诣，尤其突出。在历史上有这样一则动人的故事：据说，兴宁二年（364）时，江宁（今南京市）要修建一所大庙，和尚们到处向各方面人士化缘募款。当时，一般士大夫官僚捐的钱没有一个超过十万的，而顾恺之却满口答应要一个人乐捐一百万。大家见他承诺捐的这个数太多，都不太相信，以为他可能是在说大话，或者是在开玩笑。过了一些时候，和尚们果真拿着缘簿来找他，向他要一百万钱。这时顾恺之不慌不忙地对和尚们说："请你们在新建的庙里，准备好一堵白墙，我自有道理。"和尚们也不知他要做什么，只好照着他说的去办。顾恺之在庙里住了一个多月，专心一意地在那堵白粉墙上画一尊维摩诘（佛教故事中的人物）像。快完工时他对和尚们说："明天可以请人来看一幅画，告诉大家：头一天来看的人，要捐十万钱；第二天来看的人可以减半，只捐五万钱；第三天以后，捐多捐少可以随便。"这消息传出后，轰动远近。许多人都想来看看究竟是一幅什么画。到了这天，来的人不少。那幅维摩诘像的清瘦面容，满含着慈祥庄严的神情，既像在入定，又像在沉思，使人看了有一种宁静圣洁的感觉。顾恺之的艺术魅力，使人受到了深刻的感染。果然，和尚们趁这机会募了一大笔钱，很快就凑足了一百万钱的数目。这个故事不仅说明了顾恺之绘画艺术的高度成就，而且也说明了人们对他的艺术的尊敬与喜爱。

▲ 东晋·顾恺之《女史箴图》摹本（局部）

顾恺之绘画创作的真迹，现在已经失传了，流传下来的只有后人摹本，如《列女图》《女史箴图》《洛神赋图》等几幅。

顾恺之在绘画理论上的成就也是非常突出的。根据他留下的《论画》《魏晋胜流画赞》和《画云台山记》三篇著作，可以看出他在人物画和山水画方面有许多卓越的见解。比如，他认为画人

▲ 清 · 丁观鹏《摹顾恺之洛神图》（局部）

物必须把丰富的想象和敏锐的观察结合起来，才能够把人物的精神
状态表现得准确而微妙；并且主张人物的神气必须通过外形表现出
来。 这些论点，就是在今天，也还是有一定的参考价值的。

（张福裕）

祖冲之

69

▲ 祖冲之像

祖冲之（429—500），是我国南北朝时期的一位伟大的科学家，他生活在南朝的宋朝和以后的齐朝。他在天文、数学、物理等方面，都取得了巨大的成绩。

他在天文历法上的贡献，主要是修订新历法。为了研究天文历法，他参考了历代所有的历书。为了证明前人说得对不对，他常常拿着仪器去观察日月星辰的运行，测量太阳影子的长短。经过这样仔细的研究和实地测验，他发现过去的历法有很多地方不够精确。比如，关于闰年，在旧的历法里，每19年中有7个闰年，用这种历法每过两百年就要比实际天数相差一天。于是，他根据自己研究的结果，编了一部新的历法，叫作《大明历》，纠正了旧历法中的许多错误。在这部历法中，他把 19 年 7 闰改为 391 年中设置 144 个闰年，就比旧历法合理得多。同时，他还注意到了"岁差"（太阳从上一年冬至到下一年冬至，并没有回到原来的位置，这种现象在天文学上叫"岁差"）现象，并且把岁差应用到了《大明历》中。这是我国历法史上一件划时代的事情。由于在历法中应用了"岁差"，就使"回归年"（指太阳连续两次经过春分点所需要的时间）和"恒星年"（指地球绕太阳真正公转的一个周期）有了区别。祖冲之非常精确地测出了一回归年的日数是 365.242 814 81 日，这和近代科学测量所得的日数相比，只差 50 秒，即仅有六十万分之一的误差。这个结果该是多么惊人的精密啊！

祖冲之在数学方面，把前人对"圆周率"的研究，大大往前推进了一步。圆周率指的是圆的周长和它的直径之比，这是一个常数。也就是说，任何大小的圆，它的周长和它的直径的比，都会得出这个常数。如果我们知道了这个常数，知道了圆的直径（或半径），再求圆的周长，就很方便了，只要将直径（或二倍半径）乘上这个常数就可以得出。我国古代许多数学家，为了推算这个常数，做出了不少贡献。特别是晋朝的大数学家刘徽，创造了用"割圆术"（用圆内接正多边形以求圆周长的一种方法）来计算圆周率值的科学方法，更是取得了辉煌的成绩。祖冲之为了天文历法上的推算和度量衡的考核需要，也研究了圆周率。他在刘徽"割圆术"的基础上，继续精心推求，最后精确地算出圆周率是在 3.141 592 6 和 3.141 592 7 之间。把圆周率的数值推算到小数点后七位数字，他在全世界上是第一人。 欧洲的科学家一直到他死后1000多年，才算出这个数值来。 日本的学者曾建议，为了纪念祖冲之的贡献，把圆周率改名为"祖率"。

在物理学上，祖冲之也有重要的发明和创造。 他曾经成功制造一艘"千里船"，放在江里试航，速度比一般船快得多。 他还根据古人的发明加以改进，成功制造了一个利用水力转动的水碓磨，可以用来碾米、磨面。 另外，他还为萧道成（**齐朝的齐高帝**）修理了一辆指南车，十分灵敏准确。 这辆指南车原本是南朝的宋武帝在长安缴获的战利品，只有一个架子，内部的机械已散失，指南的性能已失灵，一直搁起来没有用，只做做样子。 直到宋末，齐高帝萧道成才要祖冲之想办法来修理这辆指南车。 经过祖冲之修理之后，这辆车果然恢复了它的指南性能。 据说，比原来造的那辆还好，无论车子怎样转弯，车的指南效能没有一点错误。

（张福裕）

70

范缜

范缜，南朝齐、梁时人。他年轻时非常用功，博学多才，常常发表一些不平常的议论。他三十五岁时开始做官，为人廉洁正直，在当时有很高的声誉。

在他生活的时代，封建迷信把整个社会搞得乌烟瘴气。竟陵王萧子良大力提倡佛教，范缜不畏权贵，当面反驳佛教迷信，萧子良和一些佛教徒常常被他驳得目瞪口呆。后来，范缜著《神灭论》揭露佛教迷信的虚妄，和佛教徒在思想上展开了尖锐的斗争。

《神灭论》全文虽然不长，可是没有一个佛教徒能真正把它驳倒。范缜在《神灭论》中指出：人的精神和肉体是结合的。只有人的形体存在，精神才能存在；形体死亡后，精神是决不会存在的。精神和肉体只是名称上的不同，决不能彼此分离。他打了一个很好的比方，说："形体和精神的关系，就好像刀和锋利的关系，离开了刀，就谈不上锋利。从来没有听说刀没有了，锋利还可以存在；所以离开了肉体，精神也就不存在。 精神是肉体产生的。"
范缜在《神灭论》里还谴责了统治阶级利用佛教迷信危害人民的罪
恶。 他指出统治者用渺茫不可知的东西欺骗人民，用地狱的痛苦
来威吓人民，用天堂的快乐来引诱人民，结果是粮食被游手好闲的
和尚吃尽，财物在兴修寺庙的名义下被耗费尽。

《神灭论》发表后，触怒了以萧子良为首的佛教徒。 萧子良招
来了全国最有名的和尚来同范缜争辩，企图驳倒《神灭论》。 鬼神
根本不存在，萧子良和许多佛教徒硬说有什么鬼神，虽然绞尽脑
汁，也找不出像样的道理来。 相反，范缜一个人，却是"辩摧众
口，日服千人"，越来越多的人相信范缜了。

萧子良使王融拜访范缜，王融转弯抹角地提到关于《神灭论》
辩论的事后，对范缜说："范先生坚持没有鬼神的言论，是违反我
们向来遵守的教训的。 像你这样才德双全的人，哪愁做不上中书
郎那样的高官！ 你故意坚持错误，不怕断送自己的前途吗？"

范缜听了，大笑道："假如我范缜卖论取官，早已做到更高更
大的官了，何止中书郎！"他正颜厉色地拒绝了萧子良的无耻收
买。 这些人妄想用利诱的办法要范缜放弃《神灭论》的观点，结
果遭到了可耻的失败。

后来，军阀萧衍夺取了齐朝的政权，做了皇帝，历史上称为
梁武帝。 他进一步利用佛教欺骗人民，巩固他的统治。 为了叫人
们相信他拜佛的诚意，他还假惺惺地要"舍身"到同泰寺去当和
尚。 他每到同泰寺"舍身"一次，大臣们就得拿出很多钱送到同
泰寺去，把他"赎回"来。 他玩弄了三次到同泰寺当和尚的手法，
这里的和尚发了三次横财，自然也就更加卖命地来替梁武帝欺骗

人民。

梁武帝自然不容许范缜揭穿他们欺骗人民的罪恶面目，他做皇帝后不久，就找了一些借口来打击范缜，范缜不肯屈服。

梁武帝写了一篇《敕答臣下神灭论》的诏书，诬蔑范缜的理论违背经典，脱离常规，忘掉祖先，并且发动六十多位有学问的人写文章

▲ 梁武帝萧衍像

来反对他。但是，谁也提不出像样的道理来和范缜论辩，只不过凭借着政治的势力骂他一顿罢了。梁武帝怕《神灭论》的思想在论战中得到传播的机会，只好宣布论战结束，草草收场。

（吴雁南）

71

《文选》《文心雕龙》

　　《文选》是南北朝时候梁朝梁武帝的长子——萧统（昭明太子）编选的一部文学总集。萧统（501—531）是一位博学的文学家，他聚集了将近三万卷书籍，日夜勤学研读，从不厌倦。他很看重当时的学者，注意吸取他们的长处。那时候，国内许多有才华的文人学士，都被召集在他门下。他和他们经常在一起讨论文学上的各类问题。《文选》这部书，就是他集中了众人的才智，编选出来的。

　　《文选》原序作三十卷，唐朝人李善注《文选》时，分成六十卷。全集选录了从战国到梁朝各种体裁、风格的优秀诗文作品。据萧统讲，选录作品的标准是"事出于沉思，义归乎翰藻"。就是说，选取的诗文，不仅要有独到的见解，立论精确，而且辞藻也要很优美。萧统认为文章是随时变改、不断发展的，因此，他在《文选》中，把诗文分成很多类，按时代编排，使人们能看出一些变化的大概。

《文选》是我国现存最早的规模最大的文学总集，它对唐代以后的文学有很大的影响，受到后世的重视。

《文心雕龙》是我国古代第一部系统全面的文学方法论和文学批评书，它是由南北朝时候另一位大文学家刘勰撰写的。刘勰（约465—520）幼年时，父亲死去，家境很贫苦。后来，由于他在文学上的成就很大，很为昭明太子所敬爱。

这部书是刘勰在齐朝末年写成的。全书分十卷，五十篇，对各类文章体裁、创作方法和文学批评等方面，都做了深刻的论述，目的在于讲明白写文章的基本法则。《文心雕龙》不承认抽象的文学天才，认为写文章重要的是对事物仔细观察，只有抓住了事物的本质，才能写出好的作品。它认为文学的内容和形式是统一的，文章的表达形式是为内容服务的。针对当时人写文章多从形式上做工夫没有真实内容这一弊病，《文心雕龙》提出了反对造作、反对以词害意、反对内容迁就形式等主张。

《文心雕龙》一书，受到后世极大的推崇。在这以前，许多讨论文学的论著，多半偏而不全，都没有这部书系统、全面和周密。《文心雕龙》是目前了解南北朝以前文学理论唯一的一部大著作。

（吴雁南）

72

《齐民要术》

《齐民要术》是北魏末期杰出的农学家贾思勰所著。

贾思勰，曾做过高阳郡（今山东省境内）太守，他很注意农业生产事业的发展。那时候，黄河流域居住着汉人、匈奴人、鲜卑人、羯人、氐人和羌人，各族人民经过长时期的生产实践，在耕种、畜牧和种植树木方面，积累了丰富的经验。贾思勰认为，这些经验是保证人民生活的重要方法。为了把这些经验总结起来，广泛传播，以便促进农业生产事业的进步，他决定写《齐民要术》。"齐民要术"四个字的意思，翻译成口语就是"人民群众谋生活的主要方法"。

贾思勰在写《齐民要术》的过程中，读遍了他所能看到的古书上有关农业方面的材料。书里引用的古书就有一百五十多种。除了认真阅读古书，他还很注意调查研究。他访问过许多农民，虚心向他们请教，帮助他们总结生产经验。在《齐民要术》里，他就采用了许多宝贵的有关作物栽培方面的民谣和民谚。同时，他还经常亲身参加劳动，该书里谈到的许多养羊方面的经验，就多半是他亲身体验所得。

6世纪30年代，贾思勰完成了这一辉煌的巨著——《齐民要术》。这部书分十卷，九十二篇，介绍了耕田、收种的方法，谷物、蔬菜、果树和树木等的栽培方法，家畜、家禽和鱼类的饲养方法，食品的制造方法等。

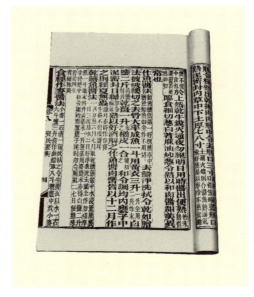

▲ 《齐民要术》书影

书里很注重有关不误农时、因地种植的经验。贾思勰认为，农作物的栽培和管理，必须根据不同的季节、气候和土壤条件，采取不同的办法。他说：顺应天时，估量地利，用力小，可以取得大的成效；单凭个人主观愿望，不顾实际条件，违反自然规律，只会多费劳力。他认为，各种农作物的栽培都有一定的时机，千万不要错过最适宜栽种的季节——"上时"。

《齐民要术》还记载了关于土壤条件对农作物影响的经验。书里谈到，并州（今山西省境内）没有大蒜，得向朝歌（今河南省境内）去取蒜种，种了一年以后蒜瓣变得非常小。并州芜菁的根，像碗口那么大，也是从别的地方取来的种子。在并州，蒜的瓣变小，芜菁的根变大，都是土壤条件不同造成的结果。

《齐民要术》是我国目前保存下来最早的一部完整的农书，也是世界农学史上最早的一部名著。书里许多宝贵的生产经验，直到今天还受到人们的重视。

（吴雁南）

73

《水经注》

　　《水经注》的作者是北魏时的地理学家郦道元。郦道元，字善长，范阳（今河北省涿州市）人。他年轻时，好学不倦，博览群书，是一个很有学识的人。

　　我国古代有一部较完整的地理学著作，名叫《水经》，相传是汉朝人桑钦所著（也有人认为是三国时代的人所著），书中记述了全中国一百三十七条大小水道，对于研究当时的地理，具有相当高的价值。不过这部书有一个缺点，就是每条河流都记叙得很简单，只说：某水源出某地，经某地，又往某某地。郦道元为了补救这个不足，决心给《水经》作注。他补充了一千二百五十二条河流，并且在《水经》原文下详加注引，叙述水道所经之地的风土人情以及历史古迹。注文比《水经》原书多出二十倍，共约三十万字，分成四十卷。注文引用的书籍多至四百三十七种，同时还记录了郦道元本人亲自到各地实际观察所得到的大量宝贵知识。这是一部具有高度科学性的巨著。

书中对于各地河道的变迁，地名的变化，郦道元都根据大量文献材料，并参证自己实地的所见所闻，一一做了精细的考证。直到清朝，人们考察河道、山脉、地域的变化和沿革，《水经注》一直是自然研究很重要的参考书籍。

《水经注》不仅是水道变迁、地理沿革的重要记录，而且对各地的历史古迹、神话传说，也有详细的记载。比如，《江水注》中，就记叙了战国时代水利工程家李冰化牛与江神角斗的故事，还插叙了三国时刘备被孙权打败爬山越岭逃走的史事。全书这样的例子很多，而且描写的技术很高，让人读来感到意味深长，生动有趣。所以，很多年来，《水经注》也被看作一部优秀的文学作品。

（张福裕）

74

云冈石窟 龙门石窟

云冈石窟开始建造于北魏文成帝和平元年（460）（一说始建于太平真君十一年，即450年）。直到495年，龙门石窟开凿完成为止，前后经历了三十五年，后来又陆续有所修造。

北魏文成帝即位不久，就指定昙曜和尚领导技术工人，在今山西大同（当时北魏的国都，后迁都洛阳）西北三十里云冈镇武州山的崖壁上，开凿石窟，雕刻佛像。

云冈石窟现存三十余洞，其中特别重要的有二十多处。各个洞窟里面，分别雕刻着大大小小的佛、菩萨和天仙，还有各种飞禽走兽、楼台宝塔和树木花草等，艺术价值很高。比如，在第八石窟中，有口衔小珠的猛禽，爪趾雄健，半蹲半站的姿势，显得分外有力。这种猛禽，形状有点像孔雀，在佛经中叫作"那罗延"，是古印度人想象中的灵异。我国劳动人民在刻制这种外来的、想象中的动物时，完全采用了秦汉以来的传统造型手法，并进行再创

 云冈石窟 龙门石窟 ·253

▲ 云冈石窟佛像

▲ 云冈石窟中央群

造，在艺术成就上，达到了很高水平。

云冈石窟雕作的佛像，充满了人间气味。拿第五窟大佛洞来讲，洞口筑有四层的大楼阁，进入楼阁，迎面就是一座约莫五十五尺高的巨佛坐像，它的脚就有十四尺长，中指有七尺长，比一个人还大得多。佛像高大雄伟，显示出举世独尊、无可匹敌的气概。其他石像，各按品级一个低似一个，全体均服从大佛。再配上许多身材矮小的人像，把大佛衬托得更加雄峻庄严。洞内有一副楹联，写道："顶天立地奇男子，焰古腾今大圣人。"由此可见，大佛是象征皇帝的，其他各级石像好比大小群臣，身材矮小的人则代表民众和各种服役的奴隶。这岂不是一幅完整的封建统治示意图？

长期以来，云冈各洞石佛，都有残毁；特别是近百年来，遭到帝国主义的偷窃破坏，损失更严重。仅据1935年的调查结果，佛头便被偷凿去三百余颗。

龙门石窟是北魏孝文帝迁都洛阳后，在洛阳龙门山上开凿的。最初开凿的，称古阳洞大石窟。孝文帝死后，魏宣武帝和魏孝明帝继续开凿，称为宾阳洞，分北、中、南三大石窟。以后在东魏、北齐、隋、唐时代，又继续经营，开凿了不少。石窟造像多开凿在洛阳南四十里伊水两岸。北魏时营建的石窟

▲ 龙门石窟卢舍那大佛

都在左岸（西），其中最重要的有二十一窟，此外小窟还很多。据《魏书·释老志》记载，仅造窟三所，即共费人工八十万以上；若就全部石窟来说，可以想见工程多么浩大。各石窟中刻满了大小佛像，造像都很优美。如宾阳中洞所刻的《帝后礼佛图》，就是一件精美绝妙、具有极高艺术价值的精品。但是这份无价之宝早已被帝国主义盗走。龙门石刻和云冈石刻在艺术上各有特点。云冈石佛多姿态雄健，气象逼人；而龙门石佛，则多面带笑容，温和可亲。比如，宾阳洞的主佛佛像，脸上含着微笑，仿佛想要人和他亲近的样子。龙门石刻和云冈石刻一样，也遭到了帝国主义的严重盗窃和破坏，其损失之重，无法估计。

云冈、龙门两石窟，是我国人民长期辛勤劳动和伟大智慧的创造，它在我国文化史上占有十分重要的地位。直到新中国成立后，这份艺术上的珍贵遗产，才真正受到了国家的珍视和保护。

（张福裕）